마인크래프트로 교양 쌓기!
지구의 비밀 퀴즈 도감

사마키 다케오 감수   마인크래프트 장인 조합 지음

대원키즈

들어가며

마인크래프트 세계에는 온갖 동식물과 광물 등 우리가 살고 있는 지구의 생물과 물질이 블록이나 아이템으로 존재해. 우리 근처에서 자주 볼 수 있는 익숙한 것들이 아주 많지! 이 책에 실린 지구와 관련된 200개의 퀴즈를 풀며 마인크래프트 세계에 현실 세계가 어떻게 담겨 있는지 한번 생각해 봐. 그럼 도전!

이 책을 읽는 분들께

이 책의 내용은 집필 시점의 정보를 바탕으로 작성되었습니다. 쇄에 따라 내용이 변경될 수 있으니 참고 바랍니다.

이 책에 기재된 회사명, 상품명, 소프트웨어명은 관계 각사의 상표 또는 등록상표임을 명기하고 본문 중의 표기를 생략하였습니다. 이 책은 Minecraft의 공식 공략집이 아닙니다.

Mojang Studios 및 Microsoft는 이 책의 내용에 일절 책임이 없습니다. 이 책의 발행에 도움을 주신 Mojang Studios 및 Microsoft에 진심으로 감사드립니다.

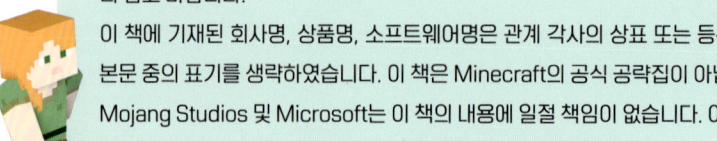

이 책의 사용법

이 책은 인기 게임 마인크래프트 세계를 바탕으로 지구의 자연환경과 관련한 상식 퀴즈를 담은 8개의 카테고리로 구성되어 있어. 마치 게임을 하듯 정답을 맞히다 보면 자연스럽게 지구의 비밀을 알게 되지. 마인크래프트 게임과 함께 즐기면 더욱 재밌을 거야!

문제 페이지

문제 번호
정답을 찾을 때 참고해.

선택지
이 중에서 하나가 정답이야.

힌트
정답을 모르겠으면 참고해 봐.

정답 페이지
정답은 이 페이지를 확인해.

정답 페이지

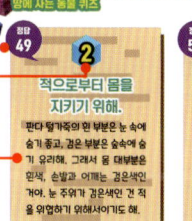

정답 번호
문제와 같은 번호를 찾아봐.

정답
선택지 중 어느 것이 정답인지 알 수 있어.

해설
왜 정답인지 설명을 읽고 지식을 쑥쑥 쌓아 보자!

차례

 지형과 날씨 퀴즈 ·········· 5

 돌과 광석 퀴즈 ·········· 27

 땅에 사는 동물 퀴즈 ·········· 43

 물에 사는 생물 퀴즈 ·········· 65

 꽃과 풀 퀴즈 ·········· 87

 채소와 과일 퀴즈 ·········· 109

 나무와 목재 퀴즈 ·········· 125

 무기와 도구 퀴즈 ·········· 141

문제를 전부 다 풀면
지구 박사가 되겠는걸?

지형과 날씨 퀴즈

문제 01
이건 무슨 나무일까❓

정답은 10쪽

1. 참나무
2. 자작나무
3. 아까시나무

> 마인크래프트의 숲과 초원에서 자주 볼 수 있는 나무야.

문제 02
파도가 생기는 이유는 뭘까❓

정답은 10쪽

1. 지구가 회전해서.
2. 바닷물 위로 바람이 불어서.
3. 물고기가 헤엄을 쳐서.

> 실제 바다의 표면은 크게 흔들리고 있어.
> 마인크래프트에서도 잘 보면 수면에 파도 무늬가 그려져 있지.

문제 03 바다는 지구 표면에서 약 몇 퍼센트를 차지할까❓

정답은 10쪽

1. 50퍼센트
2. 70퍼센트
3. 90퍼센트

바다는 무척 넓어.

문제 04 다음 중 달의 힘으로 움직이는 것은❓

정답은 10쪽

1. 모래
2. 물고기
3. 바다

달에는 '인력'이라는 힘이 있어.

7

지형과 날씨 퀴즈

문제 05 사막은 어떻게 생겨날까❓

정답은 11쪽

1. 비가 거의 내리지 않아서.
2. 바람에 모래가 실려 와서.
3. 사람들이 모래를 가져와서.

사막의 공기는 매우 건조해.

문제 06 사막의 밤은 어떨까❓

정답은 11쪽

1. 밤에도 대낮처럼 밝다.
2. 좀비가 돌아다닌다.
3. 무척 춥다.

모래는 열을 잘 간직하지 못해.

문제 07 — 열대 우림의 기후는 어떨까 ❓

정답은 11쪽

1. 일 년 내내 따뜻하고 비가 많이 내린다.
2. 굵은 나무가 있다.
3. 항상 비가 내린다.

지구의 남반구와 북반구를 나누는 적도 근처에 많아.

문제 08 — 빙산은 어떻게 만들어질까 ❓

정답은 11쪽

1. 바다가 눈 때문에 꽁꽁 얼어서.
2. 육지에 생긴 얼음이 바다로 들어가서.
3. 바다 밑바닥에 있던 얼음이 떠올라서.

무척 추운 지역에서만 생기지.

 지형과 날씨 퀴즈

정답 01
2 자작나무

자작나무는 흰 껍질에 어두운 색 무늬가 있는 독특한 겉모습을 가지고 있어. 북유럽이나 러시아, 시베리아, 일본의 홋카이도 같은 추운 지역에서 잘 자라지. 마인크래프트에서는 초원이나 숲에서 자주 볼 수 있어.

정답 02
2 바닷물 위로 바람이 불어서.

지구는 어딘가에서 늘 바람이 불고 있어. 바닷물 위로 강한 바람이 불면 파도가 생기지. 파도는 멀리 떨어진 육지까지 밀려가서 다양한 모양의 해안선을 만들어.

정답 03
2 70퍼센트

육지보다 넓은 면적을 지닌 바다는 무려 지구의 70퍼센트를 차지하고 있어. 그중에서도 아시아 대륙과 아메리카 대륙 사이에 있는 태평양이 가장 넓어.

정답 04
3 바다

달과 지구 사이엔 서로를 끌어당기는 '인력'이 강하게 작용해. 이 힘 덕분에 달이 지구의 둘레를 돌면서 바다와 가까워지면 바닷물이 달 쪽으로 끌려가면서 밀물이 발생하고, 그렇지 않으면 썰물이 발생하지.

정답 05 — ①
비가 거의 내리지 않아서.

비가 내리지 않으면 건조해서 식물이 잘 자라지 못해. 암석은 잘게 부서져 모래가 되지. 사막의 모래는 아주 고운 가루 같은데, 마인크래프트에서도 마찬가지야. 특히 마인크래프트에선 모래에 파묻히지 않도록 조심해!

정답 06 — ③
무척 춥다.

사막의 모래는 건조해서 태양열을 오랫동안 간직하지 못해. 모래가 열을 흡수하자마자 바로 방출해 버리니까 낮에는 공기가 무척 뜨거워지지. 반면 밤엔 모래가 열을 가지고 있지 않으니 순식간에 차갑게 식어 버려.

정답 07 — ①
일 년 내내 따뜻하고 비가 많이 내린다.

열대 우림은 일 년 내내 무덥고 비가 많이 내리는 지역에 생겨. 그래서 중남미나 동남아시아처럼 일 년 내내 기온이 높고 비가 많은, 적도에 가까운 열대 지방을 중심으로 펼쳐져 있어.

정답 08 — ②
육지에 생긴 얼음이 바다로 들어가서.

북극과 남극엔 아주 오랜 시간에 걸쳐 쌓인 눈이 얼음덩어리로 변한 빙하가 있어. 그 빙하에서 떨어져 나와 호수나 바다로 흘러간 게 빙산이야. 얼음산이라고도 부르지.

 지형과 날씨 퀴즈

문제 09 이글루는 무엇일까?

정답은 16쪽

1. 눈을 굳혀 만든 작은 집
2. 눈 위에 설치한 텐트
3. 관측 기지

이글루는 이누이트족의 전통 건축물이야.

문제 10 석회 동굴은 어떻게 생겨날까?

정답은 16쪽

1. 지하에 사는 사람이 동굴을 파서.
2. 안쪽의 공기가 부풀어서.
3. 땅속의 바위가 녹아서.

 석회 동굴은 석회암 지대에 발달한 '카르스트' 지형이야.

문제 11

종유석이 자라는 속도는 어느 정도일까❓

정답은 16쪽

1. 200년 동안 3센티미터 자란다.
2. 20시간 동안 3센티미터 자란다.
3. 거의 자라지 않는다.

마인크래프트의 종유석도 자라는 데 시간이 걸리지.

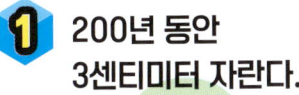

문제 12

화산은 왜 분화할까❓

정답은 16쪽

1. 산신령이 무척 분노해서.
2. 누군가 분화구에 버린 쓰레기봉투가 부풀어 터져서.
3. 용암 속에서 부푼 거품이 용암을 지상으로 뿜어내서.

분화구를 뚫고 나올 정도로 엄청난 에너지야!

 지형과 날씨 퀴즈

문제 13

용암은 얼마나 뜨거울까 ?

정답은 17쪽

1. 섭씨 30~50도
2. 섭씨 100~200도
3. 섭씨 800~1200도

종류에 따라서 용암에 녹는 금속도 있어.

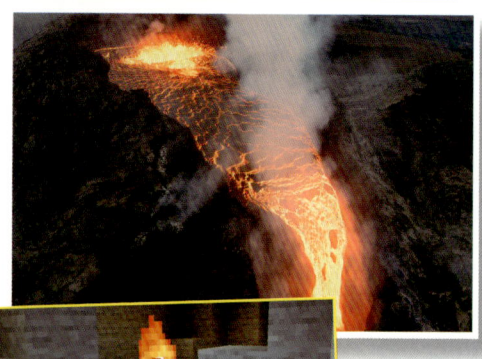

문제 14

내일 날씨는 어떻게 예측할까 ?

정답은 17쪽

1. 점술가가 점을 쳐서.
2. 숲속에 사는 동물들의 행동을 보고.
3. 인공위성이나 관측소 데이터를 통해서.

날씨를 알고 싶으면 구름을 살펴보는 게 가장 좋아.

문제 15

벼락이 치는 이유는 뭘까❓

정답은 17쪽

1. 정전기가 방전돼서.
2. 벼락의 신이 큰북을 둥둥 울려서.
3. 구름 위의 뜨거운 태양열 때문에.

 구름 속에선 얼음 알갱이끼리 부딪쳐 마찰이 일어나기도 해.

문제 16

우박과 싸락눈의 다른 점은❓

정답은 17쪽

1. 크기
2. 단단함
3. 맛

 겉모습으로 구별하는 거야.

지형과 날씨 퀴즈

정답 09 ①
눈을 굳혀 만든 작은 집

이글루란 눈을 굳혀서 만든 작은 집이야. 북극이나 캐나다 등의 추운 북극 지방에서 사냥을 위해 이동하며 살아가는 이누이트족의 전통 얼음집이지.

정답 10 ③
땅속의 바위가 녹아서.

석회암은 이산화탄소가 들어 있는 약산성의 물에 잘 녹는 성질이 있어. 이산화탄소가 녹아 있는 빗물에 석회암이 침식되면 '종유굴'이라고도 부르는 석회 동굴이 만들어지지.

정답 11 ①
200년 동안 3센티미터 자란다.

종유석은 녹아내린 석회암의 탄산 칼슘이 다시 결정을 이루면서 생기는데, 아주 오랜 세월에 걸쳐 길어져.

정답 12 ③
용암 속에서 부푼 거품이 용암을 지상으로 뿜어내서.

지하의 용암에 들어 있는 가스가 끓어 부풀어 오르면 팽창한 용암이 지표면의 분화구까지 밀고 올라와. 그럼 분화가 일어나는 거지.

정답 13

섭씨 800~1200도

지표면에서 용암의 온도는 무려 섭씨 800도를 넘어. 열에 강한 금속인 구리조차 녹을 정도지. 마인크래프트에서는 화염 보호 마법을 부여하면 용암의 열을 약간 견딜 수 있지만, 현실에서는 절대 견딜 수 없어.

정답 14

인공위성이나 관측소 데이터를 통해서.

일기도는 우주로 쏘아 올린 위성으로 구름과 하늘의 상태를 관찰하거나 관측소의 데이터를 바탕으로 만들어. 옛날에는 하늘의 모습을 보고 내일 날씨를 예측했다고 해.

정답 15

정전기가 방전돼서.

적란운이라는 구름 속에서는 얼음 알갱이끼리 부딪치며 정전기가 생겨. 이 정전기와 땅 위에 흐르는 전기 사이에 방전 작용이 일어나면 벼락이 치지. 마인크래프트에서는 크리퍼가 벼락을 맞으면 충전이 돼.

정답 16

크기

우박과 싸락눈 둘 다 똑같이 얼음 알갱이야. 알갱이 지름이 5밀리미터보다 작으면 싸락눈, 5밀리미터보다 크면 우박이라고 해.

지형과 날씨 퀴즈

문제 17 강은 어떻게 생길까❓

정답은 22쪽

1. 바닷물이 육지로 흘러 들어와서.
2. 사람들이 직접 만들어서.
3. 샘물이 흘러나와서.

산에 내린 비나 눈은 어떻게 될까?

문제 18 우리나라에서 가장 긴 강은❓

정답은 22쪽

1. 낙동강
2. 한강
3. 영산강

강원도에서 남해로 흐르는 아주 긴 강이야.

문제 19
구름은 무엇으로 만들어질까❓

정답은 22쪽

1. 수증기
2. 물과 얼음 알갱이
3. 공기

> 겉모습만 봐서는 상상할 수 없을걸.

문제 20
산은 어떻게 만들어질까❓

정답은 22쪽

1. 거대한 힘이 서로 밀어붙여 땅이 솟아올라서.
2. 사람들이 모래와 진흙을 쌓아서.
3. 산 주변의 땅이 가라앉아서.

> 지진도 상관이 있어.

 지형과 날씨 퀴즈

문제 21 구름은 왜 하늘에 떠 있을까❓

정답은 23쪽

1. 공기의 흐름 때문에.
2. 달이 끌어당겨서.
3. 태양이 끌어당겨서.

 지구상에 있는 힘으로 떠 있는 거야.

문제 22 지구에서 가장 높은 산맥은 어디일까❓

정답은 23쪽

1. 안데스산맥
2. 로키산맥
3. 히말라야산맥

 한 번쯤은 들어 본 이름일 거야.

문제 23
지구 내부에 있는 맨틀의 정체는❓

정답은 23쪽

1. 천천히 흐르는 뜨거운 암석
2. 녹아서 전부 액체가 된 암석
3. 얼음덩어리

마인크래프트에서 네더 밑에 있는 것은?

문제 24
지구의 내부는 어떻게 조사할까❓

정답은 23쪽

1. 바다의 파도를 관측한다.
2. 지진파를 관측한다.
3. 지하의 소리를 듣는다.

재해를 통해 정보를 얻을 수 있어.

지형과 날씨 퀴즈

정답 17 — ③ **샘물이 흘러나와서.**

산의 땅속으로 스며든 빗물 등이 샘물이 되어 땅 위로 흘러나오면서 강줄기가 시작돼. 마인크래프트 세계에도 산에서 폭포처럼 흐르는 강이 있지.

정답 18 — ① **낙동강**

낙동강은 강원도에서 시작해 경상도로 흐르는 우리나라에서 가장 긴 강이야. 총 길이가 무려 500킬로미터를 넘지. 참고로 세계에서 가장 긴 강은 아프리카 대륙을 흐르는 나일강이야.

정답 19 — ② **물과 얼음 알갱이**

바다나 땅의 수분이 증발해서 하늘로 올라가면 수증기가 돼. 이 수증기가 상공에서 얼어붙어 공기 중의 티끌에 달라붙으면 물이나 얼음 알갱이로 변해. 이 알갱이가 모여서 구름이 되는 거야.

정답 20 — ① **거대한 힘이 서로 밀어붙여 땅이 솟아올라서.**

산은 거대한 힘이 서로 밀어내듯 움직이면서 가운데 땅이 솟아올라 만들어져. 용암이 쌓이고 쌓여서 만들어지기도 하지.

정답 21 ① 공기의 흐름 때문에.

구름이 만들어지는 곳에선 아래에서 위로 바람이 불어. 이 '상승 기류' 덕분에 구름이 떠 있지. 그러다 구름 알갱이들이 서로 들러붙어서 상승 기류로는 버틸 수 없을 만큼 무거워지면 빗방울이 되어 떨어지는 거야.

정답 22 ③ 히말라야산맥

산봉우리 여러 개가 길게 이어진 지형을 산맥이라고 불러. 8,000미터가 넘는 엄청난 높이를 지닌 히말라야산맥은 범위도 무척 넓어. 부탄, 중국, 인도, 네팔, 파키스탄 등 아시아의 여러 나라에 걸쳐 있지.

정답 23 ① 천천히 흐르는 뜨거운 암석

맨틀은 지표면 밑의 지각보다 더 아래쪽에 있어. 온도는 섭씨 약 1,500도에서 3,000도인데 액체가 아닌 고체야. 마인크래프트의 네더와 달리 현실의 맨틀에는 생물이 살지 않는다고 알려져 있어.

정답 24 ② 지진파를 관측한다.

지구의 내부는 눈으로 볼 수 없어. 하지만 땅 표면의 가까운 곳에서 일어난 지진의 진동을 멀리 떨어진 위치에서 관측해 지구의 내부 구조를 추측할 수 있지.

 지형과 날씨 퀴즈

문제 25

판타나우 습지는 우기 때 습지 전체의 약 몇 퍼센트가 물로 뒤덮일까❓

정답은 26쪽

1. 40퍼센트
2. 60퍼센트
3. 80퍼센트

판타나우 습지는 세계에서 가장 큰 규모의 습지대야.

문제 26

습원은 어떻게 만들어질까❓

정답은 26쪽

1. 작은 벌레의 시체가 쌓여 만들어진다.
2. 습지에 식물이 자라면서 만들어진다.
3. 사람들이 습지에 진흙을 가져와 만든다.

습지와 습원의 차이점이 뭘까?

문제 27
다음 중 사바나 기후에 해당하는 특징은?

정답은 26쪽

1. 우기와 건기가 뚜렷하다.
2. 건기만 있어서 식물이 자라지 않는다.
3. 우기만 있어서 축축하다.

 우기란 비가 내리는 시기를 말해. 반대로 건기는 비가 내리지 않는 건조한 시기야.

문제 28
브라질고원에서 쉽게 채취할 수 있는 것은?

정답은 26쪽

1. 석탄
2. 청금석
3. 금

 마인크래프트의 사바나에서 많이 채취할 수 있는 재료는?

지형과 날씨 퀴즈

정답 25 ③

80퍼센트

세계 최대 규모의 습지대인 판타나우 습지는 우기가 되면 전체의 80퍼센트가 물로 뒤덮여. 마인크래프트에선 마녀가 살아도 이상하지 않은 곳이지만, 실제로는 마녀가 아니라 다양한 동식물들이 살고 있어.

정답 26 ②

습지에 식물이 자라면서 만들어진다.

습지에서 말라붙은 식물이 썩지 않은 채로 물속에 잠기면 '이탄'이라는 물질이 돼. 습지에 식물이 자라서 무성해지고, 이탄이 쌓여 만들어진 습한 초원이 바로 습원이야.

정답 27 ①

우기와 건기가 뚜렷하다.

사바나 기후는 일 년 내내 무덥고, 우기와 건기가 뚜렷하게 구분되어 있어. 키가 큰 식물이 많고, 건조한 날씨에서도 잘 견디는 나무가 드문드문 자라고 있지.

정답 28 ③

금

사바나가 있는 브라질의 고원에는 금을 비롯한 다양한 광물들이 묻혀 있어. 다이아몬드도 묻혀 있다고 해.

문제 29
모래가 굳으면 무엇이 될까❓

정답은 **32**쪽

1. 사암
2. 흑요석
3. 석회암

마인크래프트에서는 제작대에서 만들 수 있어.

문제 30
흑요석은 어떻게 만들어질까❓

정답은 **32**쪽

1. 자갈과 뼈가 굳어서.
2. 돌이 높은 온도의 불에 타서.
3. 용암이 급격하게 식어서.

마인크래프트에서 흑요석을 어떻게 만드는지 떠올려 봐.

문제 31

철괴는 어떻게 만들까 ?

정답은 32쪽

1. 열을 가한다.
2. 잘게 부수어서 굳힌다.
3. 깎아 낸다.

마인크래프트에서는 화로에서 만들지?

문제 32

다음 중 연료로 쓸 수 있는 광석은 ?

정답은 32쪽

1. 석탄
2. 목탄
3. 다이아몬드

광석의 '석'은 돌을 뜻하지?

 돌과 광석 퀴즈

문제 33
구리의 특징으로 틀린 것은❓

정답은 33쪽

1. 녹이 잘 슨다.
2. 전기가 잘 통한다.
3. 반짝인다.

 함정이 있을지도?

문제 34
구리가 가장 많이 들어 있는 동전은❓

정답은 33쪽

1. 50원 동전
2. 10원 동전
3. 500원 동전

 구리 블록의 색깔을 떠올려 보자.

문제 35

금괴는 어디에 쓸 수 있을까❓

정답은 33쪽

1. 쇠망치로 쓴다.
2. 전철 레일에 쓴다.
3. 돈 대신 쓴다.

마인크래프트에서의 용도는 현실 세계와 조금 달라.

문제 36

우리나라에서도 금이 날까❓

정답은 33쪽

1. 옛날에는 났다.
2. 지금도 난다.
3. 예나 지금이나 나지 않는다.

마인크래프트에서는 지하에 종종 묻혀 있지?

31

돌과 광석 퀴즈

정답 29 ①
사암
물 밑바닥의 모래나 자갈, 진흙 같은 것이 오랜 시간 동안 천천히 쌓이고 굳어서 만들어진 돌을 퇴적암이라고 해. 마인크래프트에 나오는 '사암'은 모래가 뭉쳐서 굳은 퇴적암이지.

정답 30 ③
용암이 급격하게 식어서.
흑요석은 용암이 급격하게 식어서 만들어지는 화성암의 일종이야. 아주 오래전부터 활용되었는데, 석기 시대에 화살촉이나 칼로 만들어 썼던 흔적이 남아 있어.

정답 31 ①
열을 가한다.
철광석에서 얻은 철을 제철소에서 녹여 모양을 잡아 식히면 철괴를 만들 수 있어.

정답 32 ①
석탄
마인크래프트에서는 목탄도 연료로 쓸 수 있어. 하지만 목탄은 광석이 아니야. 그러니까 석탄이 정답! 다이아몬드는 광석이고 태울 수도 있지만 연료로 쓰기는 아깝지.

정답 33 — ①
녹이 잘 슨다.

마인크래프트 세계에서는 비가 내리면 구리가 초록색으로 녹슬어 버리잖아. 그런데 현실 세계에서 구리는 잘 녹슬지 않는 금속이야. 그러니 현실 세계에서 구리에 밀랍을 칠할 필요는 없겠지.

정답 34 — ②
10원 동전

10원짜리 동전은 구리가 많이 들어 있어서 갈색빛이 돌아. 새로 만들어진 10원 동전의 반짝이는 광택도 구리 덕분이지. 하지만 오래된 10원 동전은 마인크래프트에서처럼 녹이 슬기도 해.

정답 35 — ③
돈 대신 쓴다.

금은 돈 대신 쓸 수 있어. 돈은 나라의 경제 상황에 따라서 가치가 달라지지만 금의 가치는 거의 변하지 않아. 그래서 돈을 금으로 바꾸어 두는 사람들도 있어.

정답 36 — ②
지금도 난다.

우리나라에서 금이 난다니, 생소하지? 사실 우리나라에도 한때는 금광이 무척 많았대. 지금도 적은 양의 금이 나오긴 하지만 예전만큼 많이 나지는 않아서 거의 문을 닫았다고 해.

돌과 광석 퀴즈

문제 37 청금석은 옛날에 뭐라고 불렸을까❓

정답은 38쪽

1️⃣ 유리
2️⃣ 비취
3️⃣ 남옥

아주 어려운 문제야! 지금은 다른 뜻을 가진 단어지.

문제 38 청금석은 어디에 사용될까❓

정답은 38쪽

1️⃣ 마법사의 도구
2️⃣ 물감
3️⃣ 컴퓨터 부품

마인크래프트에서 어떻게 쓰는지 떠올려 봐.

문제 39
에메랄드는 몇 월의 탄생석일까❓

정답은 38쪽

1. 1월
2. 5월
3. 9월

탄생석이란 태어난 달을 상징하는 행운의 보석이야.

문제 40
에메랄드를 가장 많이 채굴하는 나라는❓

정답은 38쪽

1. 콜롬비아
2. 일본
3. 러시아

에메랄드로 유명했던 잉카 제국은 어디에 있었을까?

돌과 광석 퀴즈

문제 41 다이아몬드는 실제로 어떤 색일까❓

정답은 39쪽

1. 옅은 파란색
2. 흰색
3. 무색투명

마인크래프트 세계의 색깔이 현실과 똑같을까?

문제 42 다이아몬드의 특징으로 알맞지 않은 것은❓

정답은 39쪽

1. 결혼반지로 사용된다.
2. 쉽게 흠집이 난다.
3. 값이 비싸다.

다이아몬드로 만든 장비의 특징은?

문제 43 옛날 사람들은 자수정에 어떤 효과가 있다고 믿었을까 ❓

정답은 39쪽

1. 술에 취하지 않게 해 준다.
2. 나쁜 꿈을 꾸지 않는다.
3. 좋아하는 사람에게 고백받는다.

그리스 신화의 디오니소스 신에게서 유래했다고 해.

문제 44 자수정을 영어로 하면 ❓

정답은 39쪽

1. 프레나이트
2. 가닛
3. 애미시스트

어려운 문제야! 고대 그리스어에서 온 말이라고 해.

37

돌과 광석 퀴즈

정답 37

① 유리

옛날에는 청금석을 유리라고 불렀어. 불교의 일곱 가지 보물인 '칠보' 중에도 유리가 있는데, 여기에서 유리는 청금석을 말하는 거야. 지금 우리가 쓰는 유리컵의 유리와는 전혀 다른 귀한 보석이었어.

정답 38

② 물감

청금석을 가루로 만들어서 물이나 기름에 녹지 않도록 가공하면 안료가 돼. 청금석 안료는 보석 색깔처럼 짙은 파란색을 띠는데, 깊은 바다 같은 색이라고 해서 '울트라마린'이라고도 부르지.

정답 39

② 5월

에메랄드는 일반적으로 5월의 탄생석으로 알려져 있어. '행운, 행복, 부부간의 사랑, 안정, 희망' 등의 의미를 지니고 있지. 탄생석은 달마다 정해져 있으니까 내 탄생석이 무엇인지도 한번 찾아보자.

정답 40

① 콜롬비아

아메리카 대륙 서북부에 있는 콜롬비아는 세계에서 에메랄드를 가장 많이 생산하는 나라야. 그 역사는 아주 긴데, 14세기에 안데스산맥 지역에서 번성한 잉카 제국에서도 에메랄드를 아주 많이 캤다는 기록이 남아 있어.

정답 41 — ③ 무색투명

마인크래프트 세계에서는 다이아몬드가 푸른색이지만, 현실 세계의 다이아몬드는 무색투명이 대부분이야. 간혹 분홍색이나 파란색, 빨간색을 띠기도 하지만 매우 드물지.

정답 42 — ② 쉽게 흠집이 난다.

마인크래프트 세계와 마찬가지로 현실 세계에서도 다이아몬드는 단단한 물질로 유명해. 그런데 아무리 긁어도 흠집이 잘 나지 않지만 무거운 망치로 내리치면 부서지기도 한대.

정답 43 — ① 술에 취하지 않게 해 준다.

전설 속 애미시스트라는 여자가 술의 신 디오니소스로부터 몸을 지키기 위해 수정으로 변신했대. 뒤늦게 반성한 디오니소스가 그 수정에 술을 붓자 보라색으로 물들었다는 거야.

정답 44 — ③ 애미시스트

애미시스트는 고대 그리스어로 술에 취하지 않는다는 뜻인 '아메시스토스'에서 유래했어. 고대 그리스인들은 자수정을 몸에 지니거나 자수정으로 만든 잔을 사용하면 술에 취하지 않는다고 믿었대.

문제 45 석영을 부르는 다른 이름으로 알맞지 않은 것은❓

정답은 **42**쪽

1. 쿼츠
2. 방해석
3. 수정

마인크래프트에도 나오는 광물이야.

문제 46 석영은 어디에 사용될까❓

정답은 **42**쪽

1. 시계 부품
2. 의료 기기 부품
3. 스마트폰 화면

정밀한 움직임이 필요한 물건에 사용돼.

문제 47

현무암은 어떻게 만들어질까❓

정답은 42쪽

1. 쌓인 재가 굳어서.
2. 용암이 식어서.
3. 진흙이 굳어서.

마인크래프트의 현무암 삼각주를 떠올려 봐.

문제 48

다음 중 재료로 현무암이 사용된 것은❓

정답은 42쪽

1. 카메라 삼각대
2. 카메라 본체
3. 카메라 렌즈

현무암은 안정적이고 가볍다는 장점이 있지.

돌과 광석 퀴즈

정답 45 — ② 방해석

마인크래프트에도 나오는 방해석은 색이 없거나 흰색을 띠는 광물이야. 얼핏 보면 수정과 비슷하지만 달라. 건축이나 토목의 재료로 쓸 때는 대리석이라고 부르기도 해. 참고로 쿼츠는 석영의 영어 이름이야.

정답 46 — ① 시계 부품

석영은 전압을 가하면 진동하는 특징이 있어. 그 진동을 이용해서 시계를 작동시킬 수 있지. 태엽을 감아 생기는 힘으로 작동하는 기계식 시계보다 고장이 잘 나지 않고 더 정밀하다고 해.

정답 47 — ② 용암이 식어서.

마인크래프트 세계에서는 네더에서 현무암 삼각주가 생성되지? 현실 세계에서는 '현무암질 용암'이 식어 굳으면서 현무암이 만들어져. 그래서 용암을 담고 있는 화산 근처에서 쉽게 발견할 수 있지.

정답 48 — ① 카메라 삼각대

프랑스의 한 카메라 제조사가 삼각대의 재료로 현무암을 사용한다고 해. 현무암으로 만든 이 소재를 '현무암 섬유'라고 하는데, 천연 소재인 데다 아주 튼튼해서 요즘 주목받고 있어.

땅에 사는 동물 퀴즈

동물들은 사람들과 깊은 관계를 맺으며 더불어 살아가고 있어.

땅에 사는 동물 퀴즈

문제 49 판다의 무늬가 흑백인 이유는❓

정답은 48쪽

1. 동료들의 사랑을 받기 위해.
2. 적으로부터 몸을 지키기 위해.
3. 사람들을 놀라게 하려고.

야생 판다는 눈이 내리는 산속에 살아.

문제 50 판다가 대나무를 먹는 이유는 뭘까❓

정답은 48쪽

1. 사냥에 서툴러서.
2. 초식 동물이라서.
3. 특이한 먹이를 좋아해서.

판다는 빠르게 움직이지 못해.

문제 51 돼지는 무슨 과의 동물일까❓

정답은 48쪽

1. 개과
2. 소과
3. 멧돼지과

돼지 몸의 형태를 잘 살펴봐.

문제 52 멧돼지와 비교할 때 돼지의 특징으로 알맞은 것은❓

정답은 48쪽

1. 정해진 곳에서 용변을 본다.
2. 더위에 강하다.
3. 새끼를 많이 낳는다.

돼지는 한 번에 10마리 정도의 새끼를 낳는대.

 땅에 사는 동물 퀴즈

문제 53
다음 중 돼지고기로 요리해서 먹을 수 없는 것은❓

정답은 49쪽

1. 불고기
2. 통구이
3. 레어 스테이크

레어 스테이크는 고기 표면만 구운 거야.

문제 54
북극곰의 피부는 무슨 색일까❓

정답은 49쪽

1. 검은색
2. 흰색
3. 살구색

북극곰도 곰의 한 종류야.

문제 55

북극곰도 겨울잠을 오래 잘까❓

정답은 49쪽

1. 오래 잔다.
2. 자지 않는다.
3. 조금만 잔다.

북극곰은 주로 겨울에 먹이를 사냥해.

문제 56

툰드라늑대가 무리 지어 생활하는 이유는❓

정답은 49쪽

1. 외로움을 많이 타서.
2. 사냥에 성공하기 위해서.
3. 적으로부터 빨리 도망치려고.

늑대는 의외로 팀플레이가 특기야.

47

땅에 사는 동물 퀴즈

정답 49 ② 적으로부터 몸을 지키기 위해.

판다 털가죽의 흰 부분은 눈 속에 숨기 좋고, 검은 부분은 숲속에 숨기 유리해. 그래서 몸 대부분은 흰색, 손발과 어깨는 검은색인 거야. 눈 주위가 검은색인 건 적을 위협하기 위해서이기도 해.

정답 50 ① 사냥에 서툴러서.

곰 중에서도 판다는 특히 풀을 많이 먹지만, 사실은 잡식성이야. 물고기나 곤충도 먹어. 가장 많이 먹는 것은 대나무인데, 사냥을 잘 못하던 판다의 조상이 서식지에 일 년 내내 풍부하게 자라는 대나무를 먹고 살아남았다고 해.

정답 51 ③ 멧돼지과

멧돼지는 뭐든지 잘 먹고 새끼를 많이 낳아서 오래전에 사람들이 가축으로 기르기 시작했어. 그 뒤로 오랜 세월을 거치면서 지금의 돼지로 개량했지. 개량을 많이 거친 돼지일수록 하반신이 뚱뚱해서 고기를 많이 얻을 수 있지.

정답 52 ③ 새끼를 많이 낳는다.

돼지는 멧돼지보다 번식력이 뛰어나. 멧돼지는 보통 일 년에 한 번, 평균 다섯 마리의 새끼를 낳지만, 돼지는 일 년에 두세 번, 매번 평균 열 마리의 새끼를 낳지. 돼지와 멧돼지는 젖의 개수도 달라. 멧돼지는 다섯 쌍, 돼지는 일고여덟 쌍으로 돼지가 더 많아.

정답 53 — ③ 레어 스테이크

돼지고기는 비교적 저렴해서 인기가 많아. 그런데 돼지는 도살하고 손질할 때 간염을 일으키는 E형 간염 바이러스, 식중독을 일으키는 캄필로박터, 살모넬라균 등으로 고기 속까지 오염될 가능성이 있어서 절대 날것으로 먹어선 안 돼.

정답 54 — ① 검은색

북극곰의 맨살은 검은색이야. 검은 피부가 햇빛을 흡수해서 열을 내지. 그래서 차가운 눈과 얼음 위에서도 살 수 있는 거야. 참고로 북극곰의 털은 흰색이 아니라 투명하고 속이 텅 비었는데, 이 털은 몸의 열이 달아나지 않도록 해 주지.

정답 55 — ③ 조금만 잔다.

북극곰도 겨울잠을 자지만, 그렇다고 다른 곰들처럼 깊은 잠을 자는 건 아니야. 북극곰은 중간에 깨어나서 바다표범 같은 먹이를 잡아먹곤 해.

정답 56 — ② 사냥에 성공하기 위해서

툰드라늑대는 '팩'이라는 무리를 지어서 사냥감을 포위하고 붙잡아. 자기들보다 몸집이 큰 사슴까지 쓰러뜨릴 수 있지. 마인크래프트에서도 늑대를 길들이면 적과 싸워 주는 강력한 동료가 되지.

땅에 사는 동물 퀴즈

문제 57

늑대와 개의 차이는 뭘까❓

정답은 54쪽

1. 개는 늑대를 길들인 가축이다.
2. 늑대는 야생 개다.
3. 늑대는 고양이의 친척이다.

마인크래프트의 늑대도 어쩌면……

문제 58

박쥐는 어떤 종류의 동물일까❓

정답은 54쪽

1. 조류
2. 곤충류
3. 포유류

박쥐의 날개는 피부가 변화한 거야.

문제 59

박쥐가 높은 곳에 거꾸로 매달려 쉬는 이유는❓

정답은 54쪽

1. 뇌로 피를 보내기 위해서.
2. 적으로부터 몸을 지키기 위해서.
3. 동료를 모으기 위해서.

박쥐의 적은 땅에도 있어.

문제 60

박쥐가 깜깜한 어둠 속에서도 자유롭게 날 수 있는 이유는❓

정답은 54쪽

1. 초음파를 이용해서.
2. 시력이 무척 좋아서.
3. 장애물의 냄새를 맡고 구분해서.

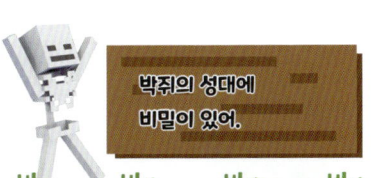

박쥐의 성대에 비밀이 있어.

땅에 사는 동물 퀴즈

문제 61 관앵무와 앵무를 구별하는 방법은❓

정답은 55쪽

1. 말을 할 수 있는지 없는지.
2. 날 수 있는지 없는지.
3. 머리의 깃털.

관앵무에게는 있고 앵무에게는 없는 것이 있어.

문제 62 대형 앵무새인 회색앵무의 굉장한 점은❓

정답은 55쪽

1. 물속을 헤엄친다.
2. 매처럼 빠르게 난다.
3. 지능이 무척 높다.

다른 앵무새도 굉장하지만 그보다 훨씬 더 굉장해.

문제 63
소의 위는 전부 몇 개일까❓

정답은 55쪽

 4개

 1개

 위가 없다.

소가 풀을 소화하는 건 참 힘든 일이야.

문제 64
다음 중 소를 지키기 위해 먹이는 것은❓

정답은 55쪽

 껌

 자석

 동전

소는 반짝반짝 빛나는 것을 좋아한대.

땅에 사는 동물 퀴즈

정답 57 ①

개는 늑대를 길들인 가축이다.

사람들이 야생 늑대를 기르면서 늑대는 점차 온순한 개가 되었어. 오래전부터 개는 썰매를 끌거나 들짐승으로부터 사람과 가축을 지켜 주었지.

정답 58 ③

포유류

박쥐는 새끼에게 젖을 먹이는 포유류야. 새의 날개는 깃털로 뒤덮여 있지만, 박쥐의 날개는 '피막'이라고 하는 막으로 이루어져 있어. 마찬가지로 포유류인 날다람쥐나 하늘다람쥐도 피막을 이용해서 하늘을 나는 거야.

정답 59 ②

적으로부터 몸을 지키기 위해서

박쥐는 뱀처럼 땅에 사는 천적에게 공격당하지 않도록 높은 곳에서 쉬어. 거꾸로 매달린 이유는 에너지를 보존하기 위해서라는 설이 있어.

정답 60 ①

초음파를 이용해서.

박쥐는 시력이 좋지 않지만 성대에서 낸 초음파가 어딘가에 닿아 되돌아오는 반사음을 감지해서 거리와 방향을 알아. 그래서 동료와 부딪히지 않을 수 있고, 날아오는 곤충을 붙잡을 수도 있어.

정답 61

3

머리의 깃털.

앵무과 새와 달리 관앵무과 새는 머리에 왕관 같은 깃털이 달려 있어. 이 머리 깃이 달려 있으면 이름에 '관'이 들어가지 않아도 관앵무과의 새라고 할 수 있지.

정답 62

3

지능이 무척 높다.

회색앵무는 다섯 살 아이 정도의 지능을 가지고 있대. 사람의 말을 따라 하는 것뿐만 아니라, 확실하게 뜻을 이해하고 대화할 수 있다고 해. 반려 동물로도 무척 인기가 많아.

정답 63

1

4개

소는 풀을 삼키면 1~3번째 위에서 풀을 다시 씹고 삼키는 일을 반복하다가 4번째 위에서 비로소 완전히 소화해. 소가 위를 무려 4개나 가지고 있는 건 풀을 확실하게 소화하기 위해서지.

정답 64

2

자석

소는 못 같은 금속을 삼키는 습성이 있어. 소에게 자석을 먹이면 소가 삼킨 금속이 자석에 달라붙어서 위장에 상처가 나는 위험을 막을 수 있지. 소에게서 자석을 꺼낼 때는 더욱 강력한 자석을 사용해.

 땅에 사는 동물 퀴즈

문제 65
무엇으로 소를 구분할 수 있을까❓

정답은 60쪽

1. 앞발의 발굽
2. 뿔의 각도
3. 코의 무늬

 사람은 지문으로 구별하지.

문제 66
사진 속 젖소의 피부색은❓

정답은 60쪽

1. 흰색 바탕에 검은색 무늬
2. 검은색 바탕에 흰색 무늬
3. 옅은 갈색

 젖소의 맨살은 무슨 색일까?

문제 67 양고기 요리에 쓰이는 램(lamb)과 머튼(mutton)의 차이는❓

정답은 60쪽

1. 램은 양고기이지만 머튼은 염소고기다.
2. 양의 나이에 따라 이름이 다르다.
3. 요리에 사용되는 조미료가 다르다.

문제 68 양털로 만든 울 스웨터의 특징은❓

정답은 60쪽

1. 여름에는 시원하고 겨울에는 따뜻하다.
2. 양 냄새가 강하게 난다.
3. 잘 찢어진다.

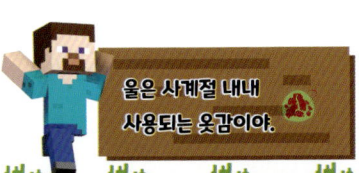

울은 사계절 내내 사용되는 옷감이야.

땅에 사는 동물 퀴즈

문제 69

우리나라에서 말고기 회를 맛볼 수 있는 지역은❓

정답은 61쪽

1. 제주도
2. 울릉도
3. 강화도

목장이 많은 곳이야.

문제 70

조랑말과 다른 말의 차이는❓

정답은 61쪽

1. 사람을 태울 수 없다.
2. 몸집이 작다.
3. 말이 아니라 당나귀의 친척이다.

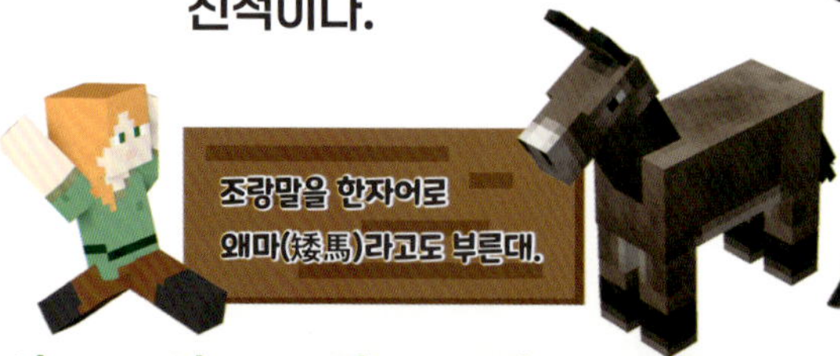

조랑말을 한자어로 왜마(矮馬)라고도 부른대.

문제 71
암탉은 왜 아침에 알을 낳을까 ❓

정답은 61쪽

1. 새벽은 너무 이르니까.
2. 밤에 낳으면 위험하니까.
3. 알을 낳으려면 빛이 필요해서.

 마인크래프트에서는 낮에도 밤에도 알을 낳지만…….

문제 72
닭 머리에 난 볏의 정체는 ❓

정답은 61쪽

1. 피부가 변화한 것
2. 깃털이 뭉친 것
3. 혹이 굳은 것

 볏이 붉은색인 이유와 상관있어.

땅에 사는 동물 퀴즈

정답 65 ③
코의 무늬
사람의 손가락에 지문이 있는 것처럼, 소의 코에도 '비문'이라고 하는 주름 무늬가 있어. 비문은 소마다 다 다르기 때문에 소를 구별할 때나 혈통을 증명할 때 이용되지.

정답 66 ②
검은색 바탕에 흰색 무늬
젖소는 흰색이 몸의 바탕색인 것처럼 보이지만, 사실은 검은색 바탕에 흰색 얼룩무늬가 있는 거야.

정답 67 ②
양의 나이에 따라 이름이 다르다.
생후 1년 미만인 새끼 양의 고기를 램, 생후 2년 이상인 양의 고기를 머튼이라고 해. 램은 깔끔한 맛, 머튼은 진한 맛이 특징이야.

정답 68 ①
여름에는 시원하고 겨울에는 따뜻하다.
울은 습기를 잘 빨아들이고 보온성이 좋아서 울로 만든 옷은 여름에는 시원하고 겨울에는 따뜻해.

정답 69

① 제주도

제주도에서는 아주 옛날부터 말고기를 먹었는데, 조선 시대에는 임금님께 말린 말고기를 올리기도 했대. 지금도 제주도에는 말고기 식당이 많아. 구이는 물론 신선한 회로도 맛볼 수 있어.

정답 70

② 몸집이 작다.

조랑말은 몸집이 작은 말이야. 특히 키가 147센티미터 이하인 말을 조랑말이라고 하지. 크기는 작아도 사람을 태우거나 빠르게 달릴 수 있어.

정답 71

③ 알을 낳으려면 빛이 필요해서.

암탉은 아침 햇빛을 받으면 알을 낳는 데 필요한 호르몬이 분비돼. 그래서 일 년 내내 알을 낳을 수 있어. 보통은 오전 10시 정도에 알을 낳는대. 하루에 딱 한 개만 낳기도 해.

정답 72

① 피부가 변화한 것

볏은 피부가 발달한 기관이야. 볏이 붉은색인 것은 볏의 가장 바깥쪽 피부에 모세 혈관이 있기 때문이지. 보통 수탉의 볏이 암탉의 볏보다 커서 닭의 볏은 암탉의 호감을 얻기 위해 생겨났다는 설이 있어.

문제 73

고양이가 많이 모이는 장소는❓

정답은 64쪽

1. 강가
2. 바다 근처
3. 산꼭대기 주변

고양이가 좋아하는 음식이 뭐더라?

문제 74

고양이 수염에 관한 설명으로 올바른 것은❓

정답은 64쪽

1. 주인이 잘라서 손질해 줘야 한다.
2. 한번 빠지면 다시 자라지 않는다.
3. 수염 뿌리에 신경과 혈관이 지난다.

고양이의 안전과 관련 있어.

문제 75
젖소의 종류로 알맞은 것은 ❓

정답은 **64**쪽

1. 버펄로
2. 홀스타인
3. 물소

얼룩무늬가 특징이야.

문제 76
고양이는 어떨 때 털을 곤두세울까 ❓

정답은 **64**쪽

1. 긴장이 풀렸을 때
2. 졸려서 견딜 수 없을 때
3. 화가 났을 때

감정이 변하면 나오는 호르몬과 관련 있어.

땅에 사는 동물 퀴즈

정답 73 — ② 바다 근처

바닷가 마을에는 고양이가 좋아하는 생선이 많아서인지 길고양이를 많이 볼 수 있어. 일본의 에노시마라는 섬은 무려 1,000마리 정도의 고양이가 살아서 '고양이 섬'이라고 불릴 정도래.

정답 74 — ③ 수염 뿌리에 신경과 혈관이 지난다.

고양이 수염의 뿌리 부분에는 신경이 지나고 있어서 수염에 장애물이 닿으면 바로 알 수 있고, 공기의 흐름을 감지해서 위험을 피하기도 해. 수염의 방향으로 고양이의 감정을 알 수도 있어.

정답 75 — ② 홀스타인

홀스타인은 검고 흰 얼룩무늬를 지닌 젖소야. 독일의 홀슈타인과 프리슬란트가 원산지인데 우유 생산량이 많아서 세계적으로 유명해. 우리나라 젖소의 대부분도 홀스타인이지.

정답 76 — ③ 화가 났을 때

고양이는 흥분하면 '입모근'이라고 하는 근육이 반응해서 털을 곤두세워. 상대방을 위협할 때, 겁을 먹었을 때, 공포를 느낄 때 털을 곤두세우곤 하지.

물에 사는 생물 퀴즈

문제 77

돌고래는 고래의 친척이야.
돌고래와 고래의 차이점은 뭘까

정답은 70쪽

1. 크기
2. 뿜어내는 물줄기의 높이
3. 몸의 색깔

고래는 어떤 이미지일까?

문제 78

돌고래가 똑똑한 이유는 뭘까❓

정답은 70쪽

1. 사람의 말을 해서.
2. 뇌가 커서.
3. 글자를 이해해서.

코끼리나 원숭이가 똑똑한 것도 같은 이유야.

문제 79

오징어가 뿜어내는 먹물의 성분으로 알맞은 것은❓

정답은 70쪽

1. 노폐물
2. 피가 변한 것
3. 머리카락 등의 색소

먹으면 의외로 건강에 좋대.

문제 80

오징어가 물속에서 재빠르게 헤엄칠 수 있는 비결은❓

정답은 70쪽

1. 열 개의 다리
2. 세 개의 심장
3. 바닷물을 뿜어 만드는 추진력

동물이 움직일 때는 산소가 필요하지.

물에 사는 생물 퀴즈

문제 81 강에서 태어난 연어가 바다로 나가는 이유는❓

정답은 71쪽

1. 바다에 먹이가 잔뜩 있어서.
2. 차가운 물을 좋아해서.
3. 동료를 많이 만들기 위해서.

알을 낳으려면 몸집을 불려야 해.

문제 82 연어는 흰 살 생선인데 왜 살은 붉은색일까❓

정답은 71쪽

1. 부끄럼을 타서.
2. 모세 혈관이 많아서.
3. 붉은색 먹이를 먹어서.

연어가 좋아하는 먹이로는 새우나 게가 있어.

문제 83
옛날에 일본에서 복어를 부르던 별명은❓

정답은 **71**쪽

1. 대나무 창
2. 대포
3. 활

선택지 중에서 가장 무서운 무기는 뭘까?

문제 84
복어에서 독이 없는 부위는❓

정답은 **71**쪽

1. 살
2. 내장
3. 알

복어에는 먹을 수 있는 부분이 아주 적어.

물에 사는 생물 퀴즈

정답 77 — 1. 크기

일반적으로 몸길이 4미터 이하까지는 돌고래, 4미터 이상은 고래로 분류돼. 하지만 개중에는 4미터 이하의 작은 고래도 있어. 확실하게 정해진 것은 아니야.

정답 78 — 2. 뇌가 커서.

돌고래는 몸무게 대비 뇌의 크기가 사람 다음으로 크다고 해. 지능이 높아서 사회적인 관계를 맺고 자기들만의 언어로 소통을 한대. 마인크래프트에서는 돌고래와 사이가 좋아지면 난파선으로 안내해 주기도 해.

정답 79 — 3. 머리카락 등의 색소

오징어 먹물이 까만 이유는 '멜라닌'이라는 색소 때문이야. 사람의 머리카락이 까만 이유도 멜라닌 색소 때문이지. 오징어 먹물은 영양이 풍부해서 요리에 사용되는데, 마인크래프트에선 오징어도 먹물주머니도 먹을 수 없어.

정답 80 — 2. 세 개의 심장

오징어가 바닷속에서 재빠르게 헤엄치기 위해선 많은 산소가 필요해. 다행히 오징어는 온몸과 아가미에 산소와 혈액을 확실하고 빠르게 전달하기 위한 심장을 세 개나 지니고 있지. 덕분에 시속 40킬로미터로 헤엄칠 수 있대.

정답 81 — ①
바다에 먹이가 잔뜩 있어서.

바다는 위험한 곳이지만 그만큼 먹이가 많아. 연어는 알을 낳을 때 필요한 에너지를 모으기 위해 바다로 나가 먹이를 잔뜩 먹고 몸집을 불려. 그렇게 다 자란 연어는 냄새를 따라 원래 태어났던 강으로 돌아오지.

정답 82 — ③
붉은색 먹이를 먹어서.

연어가 바다에서 먹는 새우나 게에는 아스타크산틴이라는 붉은 색소가 들어 있어. 흰 살 생선인 연어가 아스타크산틴을 지닌 먹이를 먹으면서 붉은 살로 변하는 거야.

정답 83 — ②
대포

복어는 무시무시한 독을 가지고 있어. 옛날 일본에서는 복어를 먹고 독이 올라 갑자기 죽는 사람들이 많아서 복어를 가리켜 대포라고 불렀대.

정답 84 — ①
살

복어는 살을 제외한 거의 모든 부위에 독이 있어. 특히 내장에는 독이 아주 많아. 복어는 전문 자격증을 지닌 숙련된 조리사가 안전하게 손질해서 요리한 것만 먹어야 해.

물에 사는 생물 퀴즈

문제 85
바다거북의 알은 부화하기까지 얼마나 걸릴까❓

정답은 76쪽

1. 3일
2. 60일
3. 1년

꽤 시간이 걸려.

문제 86
바다거북이 우는 이유는❓

정답은 76쪽

1. 알을 낳는 고통 때문에.
2. 새끼가 태어나 기뻐서.
3. 울지 않는다.

바다거북은 바닷속에서 눈물을 흘리곤 해.

문제 87

아홀로틀에게 '우파루파'라는 이름을 붙인 나라는❓

정답은 76쪽

1. 멕시코
2. 중국
3. 일본

옛날 일본에서 무척 유행했었지.

문제 88

아홀로틀이 지닌 엄청난 능력은❓

정답은 76쪽

1. 재생 능력
2. 분신 능력
3. 순간 이동

아홀로틀은 양서류인 영원, 도롱뇽의 친척이야.

문제 89
열대어 중 인기가 무척 많은 흰동가리와 사이좋은 생물은❓

정답은 77쪽

① 소라게

② 게

③ 말미잘

흰동가리는 어떤 종류의 독에 내성을 가지고 있어.

문제 90
흰동가리 종류인 오렌지클라운피시와 오셀라리스클라운피시의 차이는❓

정답은 77쪽

① 소심함

② 헤엄치는 속도

③ 검은 무늬

겉모습을 잘 관찰하면 차이를 알 수 있어.

문제 91
열대어인 노랑양쥐돔이 좋아하는 것은❓

정답은 **77**쪽

1. 수영
2. 사람
3. 휴식

수조 크기가 중요해.

문제 92
열대어인 베타의 별명은❓

정답은 **77**쪽

1. 괴상한 물고기
2. 싸우는 물고기
3. 진귀한 물고기

특히 수컷 베타의 성격과 관련된 호칭이야.

물에 사는 생물 퀴즈

정답 85

② 60일

바다거북은 5월 초순부터 7월 하순 무렵, 밤에 해안에서 약 120개 정도의 알을 낳아. 알을 낳고 60일 정도가 지나면 새끼 거북이 부화해.

정답 86

③ 울지 않는다.

바다거북이 우는 것처럼 보이는 건 바닷속에서 너무 많이 삼킨 바닷물의 쓸데없는 염분을 배출하느라 그런 거야. 염분을 배출하는 '염류선'이 눈 근처에 있어서 마치 눈물을 흘리는 것처럼 보이는 거지.

정답 87

③ 일본

아홀로틀은 '우파루파'라는 별명으로 더 유명하지. 우파루파는 1980년대에 한 일본 기업이 붙인 이름이야. 마인크래프트에서 형형색색의 아홀로틀이 서식하는 것처럼, 현실에도 수많은 종류가 있어.

정답 88

① 재생 능력

도롱뇽의 꼬리가 잘려도 다시 돋아나는 것처럼, 아홀로틀도 엄청난 재생 능력을 지니고 있어. 꼬리뿐만 아니라 손발을 잃어도 시간이 지나면 다시 자라나. 눈이나 심장, 뇌의 일부까지 재생할 수 있어.

정답 89 — ③ 말미잘

다른 물고기에게 치명적인 말미잘의 독이 흰동가리에게는 듣지 않는대. 오히려 흰동가리는 말미잘 가까이에 살면서 적으로부터 몸을 지킨다고 해.

정답 90 — ③ 검은 무늬

오렌지클라운피시와 오셀라리스클라운피시는 서로 비슷하게 생겨서 생김새만으로 구분하기 어려워. 흰색 무늬에 검은 테두리가 많은 것이 오렌지클라운피시야.

정답 91 — ① 수영

노랑양쥐돔은 헤엄치는 것을 무척 좋아해. 노랑양쥐돔을 기를 때는 마음껏 헤엄치며 돌아다닐 수 있도록 가급적 큰 수조를 준비하자.

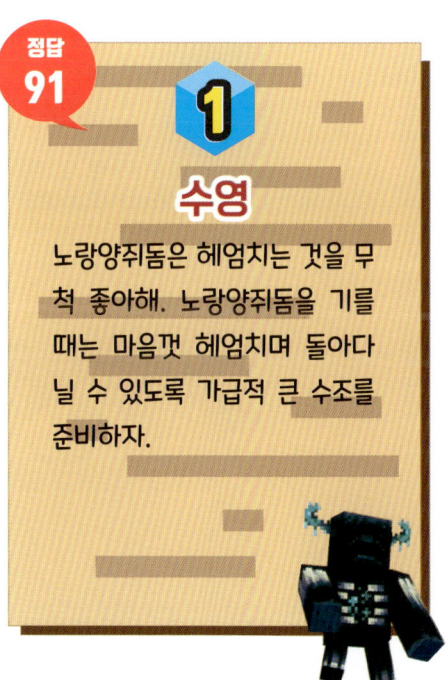

정답 92 — ② 싸우는 물고기

아름다운 외모와 달리 베타는 무척 포악한 성격을 가졌어. 수컷끼리는 심하게 싸우기 때문에 절대 같이 기르면 안 돼.

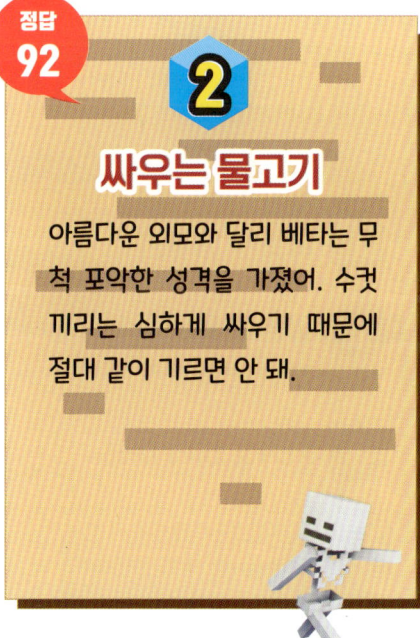

물에 사는 생물 퀴즈

문제 93

열대어인 깃대돔을 기르기 어려운 이유는 뭘까❓

정답은 82쪽

1. 먹이를 잔뜩 먹어서 비용이 많이 든다.
2. 먹이를 잘 안 먹어서 병에 잘 걸린다.
3. 너무 소심해서 다른 열대어와 함께 기를 수 없다.

깃대돔은 예민한 열대어야.

문제 94

대구는 어디에서 살까❓

정답은 82쪽

1. 따뜻한 해수면
2. 얕은 여울의 바위 근처
3. 차가운 바다 아래

대구는 주로 북반구의 바다에 서식해.

문제 95

대구의 특징으로 올바른 것은❓

정답은 **82**쪽

1. 많이 먹는다.
2. 조금 먹는다.
3. 난폭하다.

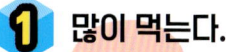
대구의 이름과 관련이 있지.

문제 96

열대어란 어떤 물고기일까❓

정답은 **82**쪽

1. 강에 사는 물고기
2. 바다에 사는 물고기
3. 따뜻한 바다나 강에 사는 물고기

이름을 잘 봐!

79

물에 사는 생물 퀴즈

문제 97
몸을 빛낼 수 있는 오징어의 이름은?

정답은 83쪽

 반딧불오징어

 발광오징어

 초롱오징어

이름에 다른 생물의 이름도 있어.

문제 98
돌고래가 가끔 한쪽 눈을 감고 헤엄치는 이유는?

정답은 83쪽

1. 바닷물이 눈에 들어가서.
2. 뇌가 반만 잠들어서.
3. 사람들에게 윙크를 하려고.

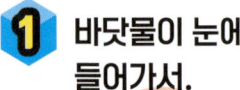
돌고래는 물속에서 숨을 쉴 수 없어.

문제 99 알을 명란젓의 재료로 쓰는 생선의 이름은❓

정답은 **83**쪽

1. 태평양대구
2. 남방청대구
3. 명태

대구 중에서도 유명한 종류야.

문제 100 지금까지 발견된 가장 무거운 바다거북의 무게는❓

정답은 **83**쪽

1. 자전거 정도
2. 자동차 정도
3. 비행기 정도

거북치고는 놀랄 만큼 무거워.

물에 사는 생물 퀴즈

정답 93 — 2
먹이를 잘 안 먹어서 병에 잘 걸린다.

깃대돔은 스트레스에 약해. 스트레스를 받으면 먹이를 잘 안 먹기도 하고 병에 잘 걸려서 기르기 어렵지. 또 물 온도의 변화도 신경 써야 하고, 다른 물고기와 같이 기를 때도 주의해야 해.

정답 94 — 3
차가운 바다 아래

대구는 차가운 바다 밑바닥에서 살아. 그래서 바다 밑바닥에 사는 생선을 잡을 수 있는 '저인망'이라는 그물을 써서 포획하지. 마인크래프트 세계에서도 대구는 차가운 해저 부근에서 헤엄쳐. 마인크래프트에서는 양동이로 대구를 잡을 수 있어.

정답 95 — 1
많이 먹는다.

대구는 물고기 중에서도 특히 많이 먹기로 유명해. 먹이 종류도 다양해서 작은 물고기뿐만 아니라 갑각류, 어패류까지도 먹어 치우지. 입이 크다는 뜻으로 대구(大口)라는 이름이 붙었어.

정답 96 — 3
따뜻한 바다나 강에 사는 물고기

열대, 아열대 등 따뜻한 바다나 강에 사는 물고기를 통틀어서 열대어라고 해. 생김새가 아름다운 물고기가 많아서 주로 관상용으로 기르지.

정답 97

1

반딧불오징어

반딧불오징어는 매오징어의 또 다른 이름인데, 반딧불이처럼 몸이 빛난다는 뜻에서 붙은 이름이야. 촉수 끝에 달린 세 개의 발광기관이 무언가에 닿으면 반짝반짝 빛이 나지. 적을 겁주거나 일시적으로 앞이 보이지 않게 만들어 도망치기 위해서라고도 해.

정답 98

2

뇌가 반만 잠들어서.

돌고래는 뇌의 반만 잠든 채로 헤엄칠 수 있어. 폐 호흡을 하기 때문에 물 밖의 공기를 마셔야 하는데, 잠을 자다가도 숨 쉬러 올라오기 편리하지. 잠을 자는 동안 위험을 피하기 위해서라는 말도 있어.

정답 99

3

명태

대구의 한 종류인 명태는 우리에게 아주 친숙한 생선이야. 얼리면 동태, 말리면 북어 등 이름도 아주 다양하지. 명태의 알은 주로 명란젓을 담가서 먹어.

정답 100

2

자동차 정도

가장 무거웠다고 알려진 장수거북은 몸무게가 900킬로그램이 넘었어. 작은 자동차와 비슷한 무게야.

문제 101
열대어 베타의 특기는 ❓

정답은 86쪽

1. 점프
2. 멀리 헤엄치기
3. 숨기

먹이를 줄 때 알 수 있을지도 몰라.

문제 102
바다거북은 몇 센티미터일까 ❓

정답은 86쪽

1. 10~50센티미터
2. 60~170센티미터
3. 200센티미터 이상

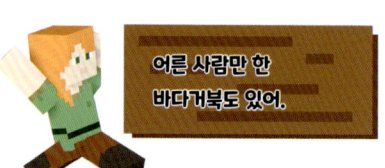
어른 사람만 한 바다거북도 있어.

문제 103

열대어 베타가 지닌
독특한 기관의 이름은❓

정답은 86쪽

1. 네더 기관
2. 래버린스 기관
3. 바이옴 기관

베타는 끈적거리는
환경에서도 살 수 있어.

문제 104

오징어의 빨판은
어떤 구조일까❓

정답은 86쪽

1. 까끌까끌하고
   이빨이 달려 있다.
2. 무언가를 빨아들이기
   위한 진공 상태이다.
3. 바닷물을 담고 있다.

힘이 아주 센 문어의
빨판과는 구조가 달라.

물에 사는 생물 퀴즈

정답 101 — 1 점프
베타는 점프가 특기야. 무려 5센티미터 넘게 뛰어오를 수 있지. 흥분하거나 깜짝 놀라면 점프를 하는데, 수조 밖으로 튀어나올 수도 있으니까 기를 때는 뚜껑을 덮어 주도록 하자.

정답 102 — 2 60~170센티미터
바다거북은 가장 작다고 알려진 올리브바다거북도 60센티미터를 넘을 정도로 커. 큰 것은 180센티미터에 달하는 것도 있다고 해.

정답 103 — 2 래버린스 기관
베타는 래버린스 기관을 이용해서 수면에서도 산소를 빨아들일 수 있어. 아가미뿐만 아니라 래버린스 기관으로도 호흡할 수 있어서 산소가 적은 컵의 물속에서도 살 수 있지.

정답 104 — 1 까끌까끌하고 이빨이 달려 있다.
오징어의 빨판 안에는 이빨이 달린 각질 고리가 있어. 오징어는 이 빨판을 이용해서 이빨을 사냥감에 걸어 도망치지 못하도록 붙잡아.

 꽃과 풀 퀴즈

문제 105
민들레는 겉모습 때문에 어떤 동물로 비유되곤 해. 어떤 동물일까❓

정답은 92쪽

1. 양
2. 사자
3. 살쾡이

민들레를 영어로 하면 뭐지?

문제 106
민들레 뿌리로 만든 음료 중 흔히 마시는 것은❓

정답은 92쪽

1. 민들레 소다
2. 민들레 코코아
3. 민들레 커피

뿌리를 사용하면 어떤 색깔이 될까?

문제 107
양귀비의 줄기에 포함된 성분은 무엇을 만드는 데 사용될까❓

정답은 **92**쪽

1. 달콤한 시럽
2. 마취제
3. 향기 좋은 향수

양귀비의 꽃말 중에는 '마음의 평온'이 있어.

문제 108
튤립이라는 이름의 유래는❓

정답은 **92**쪽

1. 터번
2. 찻잔
3. 캔디

어떤 물건의 형태에서 유래했어.

 꽃과 풀 퀴즈

문제 109

튤립의 꽃은 언제 필까

정답은 93쪽

1. 따뜻할 때
2. 낮이 됐을 때
3. 봄에만

온도와 관련 있어.

문제 110

1637년 네덜란드의 '튤립 파동' 사건 때 튤립은 어떻게 됐을까?

정답은 93쪽

1. 감당할 수 없을 정도로 많아졌다.
2. 한꺼번에 시들어 버렸다.
3. 가치가 지나치게 높아졌다.

당시에 튤립 한 송이로 집 한 채를 살 수 있었대.

90

문제 111 은방울꽃의 특징이 아닌 것은❓

정답은 93쪽

1. 무척 좋은 향기가 난다.
2. 조미료로 사용할 수 있다.
3. 강한 독이 있다.

겉모습과는 어울리지 않는 특징이 있을 수도 있어.

문제 112 은방울꽃의 겉모습은 보통 무엇에 비유될까❓

정답은 93쪽

1. 베일
2. 컵
3. 램프

색깔을 잘 봐!

꽃과 풀 퀴즈

정답 105 ② 사자

민들레는 톱니 같은 꽃잎 모양 때문에 사자로 비유되곤 해. 영어로는 '단델라이온(dandelion)'이라고 하는데, '사자의 이빨'이라는 뜻이야.

정답 106 ③ 민들레 커피

민들레 뿌리를 볶아서 만드는 음료야. 커피콩은 들어가지 않지만, 커피와 비슷한 맛을 느낄 수 있어. 카페인이 들어 있지 않아서 안심하고 마실 수 있지.

정답 107 ② 마취제

양귀비의 줄기에 들어 있는 '알칼로이드'라는 성분은 예로부터 마취제나 진통제, 수면제로 쓰였어. 또 양귀비는 품종에 따라서 '아편'이라는 위험한 약의 원료가 되기 때문에 아무나 기를 수 없는 식물이야.

정답 108 ① 터번

터번은 머리에 느슨하게 두르는 천이야. 주로 이슬람을 믿는 국가나 인도에서 자주 볼 수 있지. 툴립은 이슬람교도가 많은 튀르키예의 말로 터번을 뜻하는 '튈벤트'에서 유래했대.

정답 109 — ① 따뜻할 때

튤립은 기온이 섭씨 18도 전후가 되면 꽃을 피워. 기온이 그보다 떨어지면 꽃봉오리처럼 꽃잎이 닫히지. 그래서 튤립은 맑고 따뜻한 날이나 아침에 꽃을 피우고, 흐린 날이나 추운 밤이 되면 꽃잎을 닫곤 해.

정답 110 — ③ 가치가 지나치게 높아졌다.

17세기 네덜란드에선 튤립이 유행했어. 튤립의 가치가 점점 높아지자 상인들은 튤립을 잔뜩 사들였지. 하지만 금세 도로 가치가 떨어지는 바람에 큰 손해를 보게 되었어.

정답 111 — ② 조미료로 사용할 수 있다.

은방울꽃은 무척 좋은 향기가 나는 꽃이지만 먹을 수는 없어. 왜냐하면 꽃과 줄기에 강한 독이 들어 있거든. 분갈이를 할 때도 장갑을 끼는 게 좋아.

정답 112 — ① 베일

은방울꽃은 머리에 쓰는 베일과 닮아서 유럽에서는 성모 마리아의 꽃이라고도 해. 참고로 꽃말은 '순결', '순수' 등이야.

 꽃과 풀 퀴즈

문제 113
해바라기 씨앗은 어디에 쓸까❓

정답은 **98**쪽

1. 그림물감
2. 간식
3. 진통제

땅에 심는 것 말고도 쓸데가 있구나.

문제 114
〈해바라기〉를 그린 네덜란드의 유명 화가는?

정답은 **98**쪽

1. 피카소
2. 르누아르
3. 고흐

자기 귀를 잘라 낸 무시무시한 에피소드로 유명해.

문제 115

라일락의 꽃잎은 몇 개일까 ❓

정답은 **98**쪽

1. 4개
2. 5개
3. 6개

작은 꽃 한 송이에 달린 꽃잎 수를 살펴봐.

문제 116

라일락으로 유명한 곳은 ❓

정답은 **98**쪽

1. 홋카이도
2. 상하이
3. 아테네

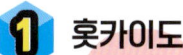

라일락은 추위에 강한 식물이야.

꽃과 풀 퀴즈

문제 117
장미 100송이에는 어떤 의미가 담겨 있을까❓

정답은 **99**쪽

1. 첫눈에 반한 사랑
2. 청혼
3. 100퍼센트의 사랑

100송이라는 건……?

문제 118
장미는 어떤 무시무시한 것을 지니고 있어. 그게 뭘까❓

정답은 **99**쪽

1. 독
2. 가시
3. 알레르기를 일으키는 꽃가루

'아름다운 장미에는 ○○가 있다'라는 말이 있지?

문제 119
자연적으로는 피지 않는 장미의 색은❓

정답은 **99**쪽

 1 빨간색
 2 흰색
 3 파란색

실제로 있다면 예쁠 것 같은데 말이야.

문제 120
모란은 원래 어느 나라의 꽃일까❓

정답은 **99**쪽

 1 일본
 2 중국
 3 한국

한자어로 모단(牡丹)이야. 한자를 주로 쓰는 나라는?

 꽃과 풀 퀴즈

정답 113 — ② 간식

해바라기의 씨앗을 간식 대용으로 먹는 나라도 많아. 그대로 먹기도 하고, 프라이팬에 볶거나 빵이나 쿠키 반죽에 넣어서 먹기도 하지.

정답 114 — ③ 고흐

19세기 말에 고흐는 동료 화가인 고갱과 함께 그림 그리기를 기대했어. 그를 환영하기 위해 일곱 점의 해바라기 그림을 그려 집을 꾸몄는데, 실제로 고흐는 해바라기를 무척 좋아했대.

정답 115 — ① 4개

라일락의 꽃 한 송이는 네 개의 꽃잎으로 이루어져 있어. 가지에는 라일락 꽃송이가 잔뜩 달려 있지. 어쩌다 꽃잎이 다섯 개 달린 것도 있는데, '럭키 라일락'이라고 불리며 네잎클로버처럼 행운을 가져다준다는 말이 있어.

정답 116 — ① 홋카이도

일본의 북부에 있는 섬 홋카이도의 삿포로시는 라일락으로 유명해. 매년 5월 무렵에 '삿포로 라일락 축제'를 열 정도지. 라일락은 추위에 강하고 꽃이 오랫동안 피어서 선선한 지역에서 키우기 좋아.

정답 117
100퍼센트의 사랑
장미 100송이는 100퍼센트의 사랑을 표현해. 1송이는 '첫눈에 반한 사랑'을, 108송이는 '청혼'을 표현하지. 장미는 몇 송이를 선물하느냐에 따라 상대방에게 다양한 의미를 전달할 수 있어.

정답 118
가시
'아름다운 장미에는 가시가 있다'라는 말이 있을 정도로 장미는 줄기 부분에 작은 가시가 많아. 손가락에 찔리면 깊은 상처가 날 수도 있으니 장미를 만질 때는 조심해야 해.

정답 119
파란색
파란색 장미는 자연적으로 피지 않아서 '불가능'이라는 꽃말을 지니고 있어. 그런데 요즘엔 유전자를 재조합해서 푸른 장미를 만들거나, 흰 장미를 염료로 파랗게 물들이기도 한다.

정답 120
중국
모란은 중국에서 전해진 꽃이라고 해. 모란은 중국의 국화이며, 먼 옛날 당나라 시절의 황제가 무척 소중하게 아꼈을 정도로 오랜 세월 사랑받은 꽃이야.

꽃과 풀 퀴즈

문제 121

신라의 선덕 여왕이 벌과 나비가 없는 모란 그림을 보고 알아챈 모란의 특징은❓

정답은 **104**쪽

1. 꽃에 향기가 없다.
2. 꽃의 크기가 무척 크다.
3. 꽃이 금방 시든다.

꽃이 있는 곳에는 벌과 나비가 날아드는 법이지.

문제 122

진달래로 자주 하는 놀이는❓

정답은 **104**쪽

1. 화관 만들기
2. 꿀 빨아 먹기
3. 던지기

옛날에 자주 하던 놀이였지.

문제 123

진달래는 어떤 곳에서 잘 필까

정답은 104쪽

1. 산울타리
2. 길가
3. 화분

색이 화사해서 울타리를 장식하기에 좋겠다.

문제 124

고사리는 어떤 의미를 가지고 있을까

정답은 104쪽

1. 행운
2. 용기
3. 장수

고사리는 길게 늘어지는 특징이 있어.

 꽃과 풀 퀴즈

문제 125
이끼가 낀다는 것은 어떤 뜻일까❓

정답은 105쪽

1. 긴 시간이 흘렀다.
2. 성실하다.
3. 온화하다.

'구르는 돌에는 이끼가 끼지 않는다'라는 말이 있지.

문제 126
이끼에도 꽃이 필까❓

정답은 105쪽

1. 핀다.
2. 피지 않는다.
3. 아주 드물게 핀다.

이끼가 무슨 색이더라?

문제 127 데이지와 아주 닮은 꽃은?

정답은 105쪽

1. 코스모스
2. 마거리트
3. 아이리스

이파리 모양으로 구별할 수 있어.

문제 128 데이지의 조금 난감한 특징은?

정답은 105쪽

1. 독이 강하다.
2. 가시가 많다.
3. 냄새가 지독하다.

밥 먹을 때는 멀리 두고 싶어져.

103

꽃과 풀 퀴즈

정답 121 ①

꽃에 향기가 없다.

어느 날 당나라에서 선덕 여왕에게 모란 그림과 씨앗을 선물로 보냈어. 지혜로운 여왕은 그림에 벌과 나비가 없으니 꽃에 향기가 없으리라고 추측했어. 실제로 씨앗을 심어 보니 꽃에서 향기가 나지 않았다고 해.

정답 122 ②

꿀 빨아 먹기

진달래의 꿀을 빨면 달콤한 맛이 나지. 하지만 식용이 아닌 진달래엔 독이 있거나 더러울 수 있어서 위험해. 요즘에는 아이들이 함부로 꿀을 빨아 먹지 않도록 가르치고 있어.

정답 123 ①

산울타리

나무를 촘촘히 심어 산울타리를 만드는 데 흔히 진달래나무를 이용해. 진달래꽃은 진한 분홍색이나 하얀색을 띠지. 별로 눈에 띄는 꽃은 아니지만 도심을 화사하게 만들어 주는 소중한 꽃이야.

정답 124 ③

장수

고사리는 장수의 상징이자 복을 가져오는 식물로 알려져 있어. 잎이 길게 늘어진다는 특징 때문이기도 하지만, 잎 뒷면이 흰색이어서 '머리카락이 새하얗게 될 때까지 오래 산다'라는 의미도 담겨 있다고 해.

정답 125
1

긴 시간이 흘렀다.

자연에서 바위에 이끼가 끼기까지는 오랜 시간이 걸려. '구르는 돌에는 이끼가 끼지 않는다'라는 말도 있지. 한곳에 오랫동안 가만히 있으면 이끼가 끼지만, 데굴데굴 굴러다니는 돌에는 이끼가 끼지 않는 것처럼 꾸준히 노력하면 발전한다는 뜻이야.

정답 126
2

피지 않는다.

이끼는 꽃이 피지 않는 '은화식물'로, 꽃가루가 아니라 포자로 번식해. 포자를 만드는 '포자체'라는 부분이 꽃처럼 보여서 '이끼꽃'이라고 부르기도 하지만, 진짜 꽃은 아니야.

정답 127
2

마거리트

데이지와 마거리트는 무척 비슷하게 생겨서 구별하기 쉽지 않지만, 이파리 형태를 잘 관찰하면 구분할 수 있어. 마거리트는 이파리가 톱날처럼 뾰족뾰족하고, 데이지는 매끈하고 길쭉해.

정답 128
3

냄새가 지독하다.

보통 꽃은 좋은 향기가 나지만, 데이지는 그리 좋은 향기가 나지 않는다고 해. 마구잡이로 잔뜩 자라나기도 해서, 보기에는 귀엽지만 잡초라고 뽑아 버리는 사람도 많아.

꽃과 풀 퀴즈

문제 129 마인크래프트의 파꽃은 사실 파의 꽃이 아니야. 그럼 무슨 꽃일까❓

정답은 108쪽

1. 양파
2. 마늘
3. 생강

냄새가 특징적이지.

문제 130 난초의 한 종류인 반다의 꽃은 어떤 곳에서 잘 필까❓

정답은 108쪽

1. 따뜻하고 습한 곳
2. 시원하고 건조한 곳
3. 아무 데서나 잘 핀다.

마인크래프트에서 파란색 난초는 어디에 피더라?

106

문제 131
수레국화는 무엇으로 가장 유명할까❓

정답은 108쪽

1. 향수
2. 식용
3. 헤어 오일

말린 수레국화를 팔기도 하지.

문제 132
수레국화의 이름은 어디서 따 온 것일까❓

정답은 108쪽

1. 풍차
2. 바람개비
3. 수레바퀴

이름 속에 힌트가 있어.

꽃과 풀 퀴즈

정답 129 — ② 마늘

마인크래프트에 나오는 파꽃은 사실 파가 아니라 마늘이 자라서 피우는 꽃이야. 꽃의 색깔은 짙은 보라색이 많고, 옅은 보라색이나 흰색도 있어.

정답 130 — ① 따뜻하고 습한 곳

반다의 꽃은 따뜻하고 습한 곳에서 잘 피어. 그래서 동남아시아나 오스트레일리아 등 따뜻한 지역에서 자주 볼 수 있어. 마인크래프트에서는 반다가 파란색 난초로 등장하지.

정답 131 — ② 식용

수레국화는 먹을 수 있는 꽃 중 하나야. 샐러드에 장식하거나 홍차를 끓일 수도 있어. 당연히 식용으로 파는 것만 먹을 수 있으니 야생 수레국화를 함부로 먹지 않도록 조심하자.

정답 132 — ③ 수레바퀴

수레국화는 꽃잎 모양이 수레바퀴를 닮아서 수레국화라는 이름을 갖게 되었어. 색깔은 다양한데 주로 파란색이 많아. 마인크래프트에서도 수레국화에서 파란색 염료를 얻을 수 있지.

채소와 과일 퀴즈

문제 133
호박의 이름은 왜 호박이 되었을까❓

정답은 114쪽

1. 수박과 비슷하게 생겨서.
2. 외국에서 건너와서.
3. 뜨겁게 익힌 호박을 호호 불어서 먹어서.

 호박이 들어온 나라와 관련이 있어.

문제 134
다음 중 간식처럼 먹는 씨앗은❓

정답은 114쪽

1. 비트씨
2. 수박씨
3. 호박씨

 모두 다 마인크래프트에서 키울 수 있는 씨앗이지.

문제 135

다음 중 사탕수수로 만든 식재료는❓

정답은 114쪽

1. 설탕
2. 소금
3. 찹쌀떡

이름을 잘 생각해 봐!

문제 136

사탕수수가 일본의 남쪽 섬 오키나와에서 많이 재배되는 이유는❓

정답은 114쪽

1. 오키나와 사람들이 좋아하는 맛이 나서.
2. 오키나와의 기후와 잘 맞아서.
3. 오키나와가 원산지여서.

사탕수수는 따뜻한 환경에서 잘 자라.

채소와 과일 퀴즈

문제 137 일본 가가와현의 특산물인 특이한 수박은❓

정답은 115쪽

1. 가늘고 긴 수박
2. 네모난 수박
3. 무척 매운 수박

수박을 보고 즐기기 위해 개량한 거야.

문제 138 수박씨를 먹어도 괜찮을까❓

정답은 115쪽

1. 독이 있어서 위험하다.
2. 배꼽에서 수박이 자라날지도…….
3. 먹어도 된다.

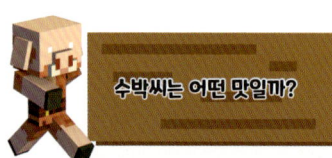
수박씨는 어떤 맛일까?

문제 139

고급 식재료로 쓰이는 버섯의 이름은❓

정답은 115쪽

1. 송이버섯
2. 잎새버섯
3. 표고버섯

 평소에는 쉽게 먹기 힘든 귀한 식재료야.

문제 140

버섯은 어떻게 번식할까❓

정답은 115쪽

1. 씨앗
2. 포자
3. 뿌리

 버섯갓의 뒷면에 비밀이 있어.

채소와 과일 퀴즈

정답 133

2

외국에서 건너와서.

호박은 외국에서 들여온 채소야. 옛날 사람들이 오랑캐를 뜻하는 '호(胡)'라는 글자를 써서 호박이라고 불렀다는 설이 있는데, 확실하지는 않아.

정답 134

3

호박씨

호박의 씨앗은 먹을 수 있어. 마트에서도 호두, 밤 같은 견과와 함께 흔히 팔지. 과자에 얹어 먹거나 으깨서 소스로 만들 수도 있어.

정답 135

1

설탕

사탕수수에서 짜낸 즙을 끓여서 결정으로 만들면 설탕이 돼. 이때는 자연스러운 갈색을 띠는데, 불순물을 걸러서 하얗게 정제한 것이 우리가 흔히 먹는 설탕이야.

정답 136

2

오키나와의 기후와 잘 맞아서.

사탕수수는 무척 강한 작물이야. 거센 바람이 불거나 물이 부족해도 끄떡없이 자라지. 그래서 태풍이나 가뭄이 잦은 오키나와에는 꼭 필요한 작물이야. 예로부터 오키나와 사람들이 생활하는 데 버팀목이 되고 있어.

정답 137 ②
네모난 수박

일본 가가와현에서는 네모난 수박을 재배하고 있어. 마치 마인크래프트 속 수박처럼 생겼는데, 달지 않아서 식용으로는 알맞지 않아 장식할 때만 쓴다고 해.

정답 138 ③
먹어도 된다.

수박씨를 발라 먹는 건 정말 귀찮은 일이야. 그런데 수박씨를 먹어도 괜찮대. 먹기 편하도록 개량된 씨 없는 수박도 있어.

정답 139 ①
송이버섯

독특한 향과 식감을 지닌 송이버섯은 가을을 대표하는 식재료야. 그런데 인공 재배가 어렵고, 자연산 송이버섯을 찾기도 어려워서 무척 귀해. 값도 비싸지.

정답 140 ②
포자

우산처럼 버섯의 줄기를 덮고 있는 버섯갓의 뒷면엔 주름이 있어. 여기에 무수히 많은 포자가 붙어 있지. 버섯은 이 포자가 바람에 날리거나 곤충들에 의해 이동하면서 번식해.

채소와 과일 퀴즈

문제 141
사과에는 꽃받침과 꽃술이 남아 있어. 어디일까

1. 사과 꼭지
2. 씨와 가까운 열매 한가운데
3. 사과 꼭지의 반대쪽 부분

정답은 120쪽

생각지도 못한 곳에 있어!

문제 142
사과를 달게 만들려면 어떻게 해야 할까

1. 차갑게 한다.
2. 따뜻하게 익힌다.
3. 껍질을 박박 문지른다.

정답은 120쪽

어떤 가전제품이 필요해.

문제 143
우리가 먹는 당근은
식물의 어떤 부분일까 ❓

정답은 120쪽

1. 꽃
2. 뿌리
3. 씨앗

당근은 땅속에 묻혀 있지.

문제 144
말라서 쭈글쭈글해진 당근을
부활시키려면 ❓

정답은 120쪽

1. 물에 담근다.
2. 땅에 묻는다.
3. 자외선을 쪼인다.

말랐다는 건 수분이
부족하다는 거야.

117

채소와 과일 퀴즈

문제 145 감자에 햇빛이 닿으면 어떻게 될까❓

정답은 121쪽

1. 맛있어진다.
2. 부풀어 터진다.
3. 독이 생긴다.

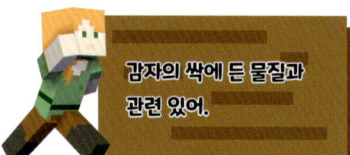
감자의 싹에 든 물질과 관련 있어.

문제 146 감자칩이 탄생한 이유는❓

정답은 121쪽

1. 레스토랑 손님의 불평 때문에.
2. 가정집에서 먹으려고.
3. 아이들의 장난 때문에.

사실은 손님을 골탕 먹이려고 만들었다는 설도 있어.

문제 147

밀의 씨앗은 무슨 색일까?

정답은 121쪽

1. 초록색
2. 검은색
3. 갈색

사진을 잘 봐!

문제 148

밀가루의 특징은 무엇일까?

정답은 121쪽

1. 까끌까끌해서 먹기 불편하다.
2. 끈기와 탄력이 있다.
3. 건강에 좋아서 약으로 쓰인다.

밀가루의 매력은 뭐니 뭐니해도 식감이지.

채소와 과일 퀴즈

정답 141

③
사과 꼭지의 반대쪽 부분

사과꽃의 꽃받침과 꽃술은 사과가 매달려 있던 꼭지의 반대쪽에 남아 있어. 움푹 패여 있는 부분이지. 잘 먹지 않는 사과 한가운데는 그냥 열매의 일부야.

정답 142

①
차갑게 한다.

사과를 비닐봉지에 넣어서 냉장고에 넣으면 차가워지면서 에틸렌 가스가 나와 열매가 익어. 비닐봉지에 넣지 않으면 냉장고 속의 다른 과일까지 익어 버리니 조심하자.

정답 143

②
뿌리

씨앗을 심어 재배하는 당근은 꽃, 잎, 뿌리 등 여러 부분으로 이루어져 있어. 그중 우리가 흔히 먹는 부분은 뿌리이지. 마인크래프트에서는 씨앗이 아니라 당근 자체를 심어서 재배하지.

정답 144

①
물에 담근다.

말라서 물렁물렁해져 버린 당근이 있다면 머리 부분을 물에 담가 두자. 2~3일 정도 지나면 탱탱해지면서 주름이 사라질 거야.

정답 145

3

독이 생긴다.

감자에 햇빛이 닿으면 껍질이 초록색으로 변하면서 '솔라닌'이라는 독성을 지닌 물질이 생겨. 솔라닌은 감자의 싹에도 들어 있지. 몸에 나쁘니까 절대 먹으면 안 돼.

정답 146

1

레스토랑 손님의 불평 때문에.

뉴욕의 한 레스토랑에서 손님이 감자가 너무 두꺼워 설익었다고 불평했어. 이때 주방장이 감자를 얇게 썰어 튀겨서 내놓으면서 감자칩이 탄생했다고 해.

정답 147

3

갈색

마인크래프트에서 밀 씨앗은 초록색이지만, 실제 밀 씨앗은 옅은 갈색에 가까워. 갈색의 밀 껍질을 벗겨 곱게 빻은 것이 바로 우리가 흔히 먹는 밀가루야.

정답 148

2

끈기와 탄력이 있다.

밀가루로 만든 반죽은 끈기가 있어서 식감이 좋아. 글루텐이라는 물질의 함량에 따라 박력분, 중력분, 강력분으로 구분하는데, 글루텐이 가장 많은 강력분은 쫄깃한 식빵을 만드는 데 사용해.

 채소와 과일 퀴즈

문제 149

붉은색 채소 비트의 별명은 ❓

정답은 124쪽

1. 땅속의 붉은 피
2. 불꽃 채소
3. 화이트 베지터블

 빈혈 예방에 좋은 성분이 들어 있어.

문제 150

비트를 사용한 요리로 유명한 것은 ❓

정답은 124쪽

1. 찌개
2. 보르쉬
3. 인도 커리

 어떤 나라의 전통 요리야.

문제 151
마인크래프트에서 코코아 콩이라고 불리는 카카오는 무엇의 재료로 유명할까❓

정답은 **124**쪽

1. 초콜릿
2. 캐러멜
3. 양갱

코코아와 비슷한 맛이 나는 간식은?

문제 152
카카오 열매의 씨앗인 콩 외에 먹을 수 있는 부분은? ❓

정답은 **124**쪽

1. 이파리
2. 열매의 과육
3. 뿌리

열매 안에 들어 있는 씨앗이 바로 카카오 콩이야.

채소와 과일 퀴즈

정답 149 ①
땅속의 붉은 피

비트가 땅속의 붉은 피라고 불리는 이유는 붉은색이어서 그런 것만은 아니야. 영양이 듬뿍 들어 있기 때문이기도 하지.

정답 150 ②
보르쉬

비트를 먹는 방법은 여러 가지가 있어. 그중에서도 우크라이나의 전통 요리 '보르쉬'라는 수프가 유명해. 마인크래프트의 비트 수프도 보르쉬를 생각하며 만들었을 거야.

정답 151 ①
초콜릿

카카오나무의 과육 속에 들어 있는 20~60개의 씨가 바로 카카오의 콩이야. 과육을 발효시켜 꺼낸 카카오 콩은 초콜릿이나 코코아의 원료가 되지. 마인크래프트에서는 코코아 콩과 밀로 쿠키를 만들 수 있어.

정답 152 ②
열매의 과육

카카오는 콩만 먹는다고 생각할 수 있지만, 사실은 과육도 먹을 수 있어. 먹으면 새콤달콤한 맛이 난다고 해. 우리나라에서는 거의 먹을 수 없지만, 시럽으로 만들어 팔기도 해.

나무와 목재 퀴즈

지구엔 수많은 종류의 나무가 있어. 마인크래프트에서 나무는 쓸모가 아주 많지.

 나무와 목재 퀴즈

문제 153 심으면 참나무가 되는 열매는

정답은 130쪽

1. 사과
2. 코코아 콩
3. 도토리

 마인크래프트에서 본 적 없는 게 있지?

문제 154 참나무 이파리는 언제 녹색이 될까?

정답은 130쪽

1. 봄
2. 가을
3. 일 년 내내

 마인크래프트 세계의 참나무와 똑같아.

문제 155
다음 중 참나무 종류가 아닌 것은?

정답은 130쪽

1. 떡갈나무
2. 참오동나무
3. 상수리나무

참나무는 종류가 무척 많아!

문제 156
자작나무는 '고원의 하얀 ○○○'라고 불려. ○○○에 들어갈 말은?

정답은 130쪽

1. 귀부인
2. 귀공자
3. 아가씨

딱딱하고 하얀 나무껍질을 지닌 자작나무의 키는 20~30미터나 된대.

나무와 목재 퀴즈

문제 157 자작나무의 수액이 사용되는 곳은❓

정답은 131쪽

1. 거울
2. 화장품
3. 칫솔

자작나무처럼 아름다워질 것 같은걸.

문제 158 자작나무는 어떤 성질이 있을까❓

정답은 131쪽

1. 잘 탄다.
2. 무척 단단하다.
3. 무척 가볍다.

횃불을 만들고 싶을 때는?

문제 159
마인크래프트 속 짙은 참나무가 만약 현실 세계의 나무라면 ❓

정답은 **131**쪽

1. 졸참나무
2. 가문비나무
3. 종가시나무

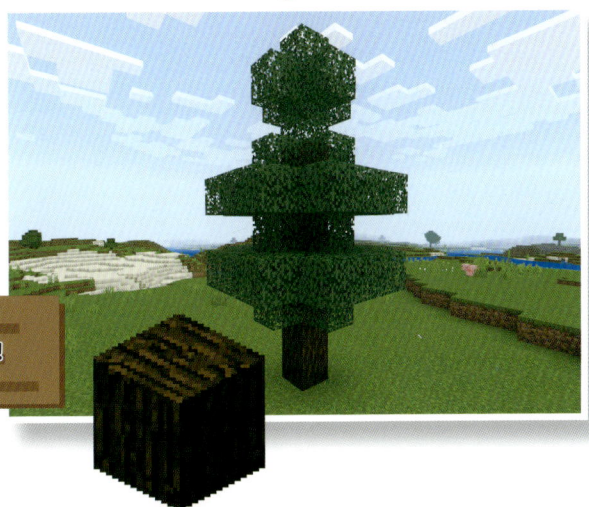

이름에 속으면 안 돼!

문제 160
종가시나무의 쓰임새는 ❓

정답은 **131**쪽

1. 공구 등의 손잡이
2. 가구
3. 전통 공예

종가시나무는 참나무의 친척이야. 가볍고 튼튼하다는 장점이 있어.

나무와 목재 퀴즈

정답 153 — ③ **도토리**

마인크래프트 세계에서는 참나무에서 가끔 사과가 떨어지지만, 현실 세계에서는 참나무에 사과가 열리지 않아. 참나무의 열매는 작고 갈색을 띠는 도토리야. 주로 묵을 쑤어 먹는 데 사용되지.

정답 154 — ③ **일 년 내내**

참나뭇과 나무의 대부분은 일 년 내내 잎이 푸른 '상록수'야. 겨울이 되어도 잎이 마르지 않고 늘 푸른색을 유지하지. 간혹 가을에 잎이 빨간색이나 노란색으로 물드는 참나무도 있어.

정답 155 — ② **참오동나무**

참나뭇과에 속하는 나무를 통틀어서 참나무라고 부르는데, 종류가 어마어마하게 많아. 대략 500여 종이 있고 이름도 다양하지. 떡갈나무, 상수리나무, 가시나무 등이 있어.

정답 156 — ② **귀공자**

껍질이 흰색인 자작나무는 주위를 밝고 경쾌한 분위기로 만들어 줘서 '고원의 하얀 귀공자'라고 불리기도 해. 목재는 흠집이 잘 나서 가공용보다는 주로 아름다운 껍질을 살린 관상용으로 이용해.

정답 157 — ② 화장품

자작나무의 수액은 99.3퍼센트가 수분이고 나머지 0.7퍼센트는 포도당과 과당으로 이루어져 있어. 수분을 듬뿍 머금고 있을 뿐만 아니라 여러 효능을 지니고 있어 화장품의 원료로 사용되지.

정답 158 — ① 잘 탄다.

자작나무는 다른 나무와 비교하면 무척 잘 탄다는 성질이 있어. 빗속에서도 잘 타기 때문에 장작으로 사용하기 안성맞춤이지. 북유럽에선 주로 스토브나 벽난로의 장작으로 사용한대.

정답 159 — ③ 종가시나무

참나뭇과에 속하는 종가시나무는 우리나라와 일본, 대만, 중국 등에서 서식해. 마인크래프트의 짙은 참나무만큼 줄기가 굵진 않지만, 비슷하게 나무껍질의 색이 짙어. 주로 가로수로 쓰여서 길가에서 자주 볼 수 있어.

정답 160 — ① 공구 등의 손잡이

종가시나무의 목재는 나뭇결이 거칠어서 가구나 공예품에는 잘 맞지 않아. 그 대신 단단한 재질을 살려 농기구나 공구의 손잡이를 만드는 데 사용하거나, 깔끔한 겉모습 때문에 가로수나 산울타리로 활용하기도 해.

나무와 목재 퀴즈

정답 161 아카시아나무는 주로 어디에서 볼 수 있을까❓

정답은 136쪽

1. 일본
2. 러시아
3. 오스트레일리아

> 마인크래프트에서는 어디에서 자라더라?

정답 162 노란 꽃이 피는 은엽아카시아의 다른 이름은 무엇일까❓

정답은 136쪽

1. 단풍
2. 미모사
3. 애기동백

> 작은 노란 꽃들이 많이 모여 있어.

정답 163 아카시아나무로 만든 마룻바닥은 어떤 특징이 있을까❓

정답은 136쪽

1. 흰빛을 띤 밝은 색감.
2. 부드럽다.
3. 금방 차가워진다.

현실의 인테리어에는 잘 맞지 않을지도 몰라.

정답 164 마인크래프트의 정글나무와 비슷한 나무는❓

정답은 136쪽

1. 바나나나무
2. 카카오나무
3. 두리안나무

나무에서도 지독한 냄새가 날까?

나무와 목재 퀴즈

문제 165 두리안의 별명은❓

정답은 137쪽

1. 열대 과일의 왕
2. 위험한 과일
3. 슈퍼 과일

냄새와 달리
과육은 달콤해.

문제 166 정글에서 자라며 바니안나무라고도 불리는 벵골보리수의 원산지는❓

정답은 137쪽

1. 몽골
2. 그리스
3. 인도

정글처럼
따뜻한 곳은……

문제 **167**

가문비나무는 어느 지역에서 잘 자랄까❓

정답은 **137**쪽

1. 아프리카
2. 북유럽
3. 동남아시아

마인크래프트에서는 어땠는지 떠올려 봐.

문제 **168**

독일에선 가문비나무를 무얼 만드는 데 사용할까❓

정답은 **137**쪽

1. 오두막집의 재료
2. 정자의 재료
3. 크리스마스트리

어디선가 본 적 있을걸!

나무와 목재 퀴즈

정답 161 — 3

오스트레일리아

마인크래프트의 사바나에서 자라는 아카시아나무는 실제로 오스트레일리아와 아프리카 대륙에서 자라. 이곳에도 사바나가 있지. 참! 우리가 흔히 아카시아라 부르는 향기로운 나무는 사실 아까시나무야. 아카시아나무와는 다른 종이지.

정답 162 — 2

미모사

노란색의 작은 꽃이 피는 은엽아카시아를 영어로는 미모사라고 불러. 무척 향기가 좋은 꽃이라서 향수의 원료로 쓰기도 하지. 미모사를 다른 말로 함수초라 부르기도 한대.

정답 163 — 3

금방 차가워진다.

아카시아나무로 만든 마룻바닥은 단단하지만, 열이 쉽게 달아나서 표면이 금세 차가워진다는 특징이 있어. 흠집이 잘 나지 않는 것은 장점이지만 따뜻한 집을 원한다면 맞지 않겠지.

정답 164 — 3

두리안나무

열대 지방에서 자라는 두리안나무는 동남아시아의 말레이반도에서 볼 수 있어. 마인크래프트의 정글나무처럼 무척 키가 큰데, 높이가 무려 20~30미터에 이르지.

정답 165

열대 과일의 왕

두리안은 비타민B1을 비롯한 영양소가 풍부하게 들어 있어서 열대 과일의 왕이라고 불려. 그런데 영양은 잔뜩 들어 있지만 냄새가 너무 강렬해서 먹을 때는 용기가 필요해.

정답 166

인도

벵골보리수의 원산지는 인도야. 기온이 높고 습한 인도네시아, 베트남 등 동남아시아에서 쉽게 볼 수 있어. 30미터 정도까지 크게 성장하는 나무야.

정답 167

북유럽

가문비나무는 더운 지역에서는 잘 자라지 못해. 북유럽, 시베리아 등 추운 지역에서 쉽게 볼 수 있지. 마인크래프트에서도 한대 기후나 냉대 기후에서 자라난 모습을 볼 수 있어.

정답 168

크리스마스트리

가문비나무 중에서도 독일에서 자라는 독일가문비나무는 크리스마스트리로 사용하는 경우가 많아. 크리스마스트리는 보통 전나무가 유명하지만, 전나무가 자라지 않는 지역에서는 독일가문비나무를 사용하지.

나무와 목재 퀴즈

문제 169 가문비나무는 특히 무엇을 만드는 데 잘 맞을까❓

정답은 140쪽

1. 악기
2. 마룻바닥
3. 가구

가문비나무는 진동이 잘 전달돼.

문제 170 대나무의 수명은 어느 정도일까❓

정답은 140쪽

1. 10년
2. 20년
3. 30년

다른 나무와 비교하면 성장이 빨라.

문제 171 죽순을 먹을 때 미리 해 두면 좋은 것은?

정답은 140쪽

1. 떫은맛 빼기
2. 소금에 절이기
3. 냉동

 죽순은 떫은맛이 많이 나는 재료야.

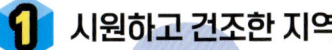

문제 172 대나무는 어떤 기후에서 잘 자랄까?

정답은 140쪽

1. 시원하고 건조한 지역
2. 따뜻하고 건조한 지역
3. 따뜻하고 습한 지역

 마인크래프트에서는 정글에서 자주 볼 수 있는데…….

 나무와 목재 퀴즈

정답 169
① 악기

가문비나무는 피아노나 바이올린, 기타 등의 악기를 만드는 데 주로 사용돼. 악기는 진동이 어떻게 전달되느냐에 따라 음색이 바뀌는데, 가문비나무는 진동이 잘 전달돼서 악기 소재로 안성맞춤이라고 해.

정답 170
② 20년

대나무의 수명은 대체로 20년 정도로, 다른 나무와 비교하면 짧은 편이야. 줄기가 굵을수록 오래 산다고 알려져 있어. 대나무를 목재로 쓸 때는 보통 3년 정도 된 나무를 사용해.

정답 171
① 떫은맛 빼기

떫은맛이 강한 식재료는 살짝 데쳐서 떫은맛을 빼 주어야 해. 죽순은 떫은맛이 무척 강하니까 껍질을 벗긴 다음 반드시 데쳐서 떫은맛을 제거해 주자. 조금 귀찮지만 이렇게 하면 맛있게 먹을 수 있어.

정답 172
③ 따뜻하고 습한 지역

대나무는 따뜻하고 습한 지역에서 잘 자라는 식물로, 세계 각지에서 볼 수 있어. 그중에서도 온난하고 습윤한 기후인 아시아에 주로 분포하는데, 세계의 대나무 숲 면적 중 80퍼센트가 아시아에 있다고 해.

 무기와 도구 퀴즈

문제 173 곡괭이를 닮은 동물은❓

정답은 146쪽

1. 박쥐
2. 황새
3. 고양이

 구부러진 모양이 포인트야.

문제 174 괭이의 용도는 무엇일까❓

정답은 146쪽

1.  흙을 파낸다.
2. 땅에 구멍을 뚫는다.
3. 잡초를 제거한다.

 마인크래프트에서는 괭이로 땅을 어떻게 하더라?

문제 175 다음 중 삽으로 할 수 없는 일은❓

정답은 146쪽

1. 눈 치우기
2. 땅 파기
3. 가지치기

마인크래프트에서는 흙을 무척 빠르게 팔 수 있지.

문제 176 마인크래프트의 도끼는 서양식 도끼일까, 동양식 도끼일까❓

정답은 146쪽

1. 서양식 도끼
2. 동양식 도끼
3. 어느 쪽도 아니다.

동양식 도끼는 날이 직선에 가까워.

무기와 도구 퀴즈

문제 177
언제 양동이 릴레이를 할까❓

정답은 **147**쪽

1. 대청소를 할 때.
2. 불을 끌 때.
3. 양동이를 옮기는 속도를 겨룰 때.

양동이 안에 든 것이 많이 필요할 때는?

문제 178
옛날에는 가위를 뭘 하는 데 썼을까❓

정답은 **147**쪽

1. 나뭇잎 잘라 내기
2. 거미집 제거
3. 양털 깎기

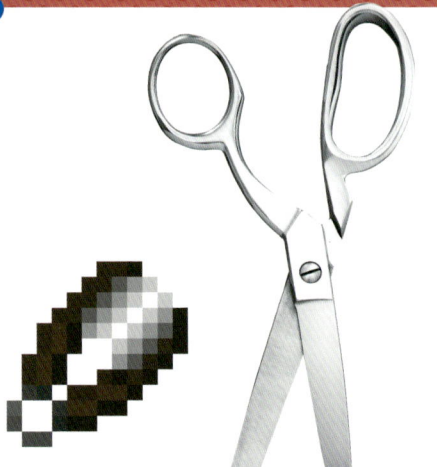

현실 세계에서도 할 법한 일은?

문제 179

부싯돌의 원리를 이용한 도구는❓

정답은 147쪽

1. 풍로
2. 라이터
3. 성냥

어떻게 불을 붙이는 걸까?

문제 180

서양과 일본의 검 중에서 어느 것이 더 날카로울까❓

정답은 147쪽

1. 서양
2. 일본
3. 둘 다 똑같다.

각각 어떻게 싸우는지 상상해 봐.

정답 173
2 황새

곡괭이는 길쭉하고 조금 구부러진 모양이 황새 부리와 무척 비슷해서 황새곡괭이라고 부르기도 해. 날렵한 끝부분에 힘을 집중시켜 단단한 땅도 잘 팔 수 있어.

정답 174
1 흙을 파낸다.

괭이는 땅을 부드럽게 만들어서 씨앗을 쉽게 심을 수 있도록 하는 도구야. 마인크래프트 세계에서는 자루 끝에 널빤지 같은 것이 달린 모양인데, 현실 세계에서는 포크 같은 모양인 것도 있어.

정답 175
3 가지치기

삽은 무척 다양하게 활용할 수 있는 도구야. 땅 파기는 물론, 흙을 떠서 옮기거나 다시 덮어 다질 때도 사용할 수 있지. 나무뿌리 등을 자를 수도 있어. 다만 섬세함이 필요한 작업에는 맞지 않아.

정답 176
1 서양식 도끼

마인크래프트에 나오는 도끼는 서양식 도끼야. 서양식 도끼는 날 끝으로 갈수록 넓어지는 모양인데, 동양식 도끼는 얇은 직선형이지. 마인크래프트는 유럽의 회사에서 만든 게임이니까 서양식 도끼 모양인 게 당연할지도 몰라.

정답 177

②

불을 끌 때.

양동이 릴레이는 불이 났을 때 대처하는 방법으로 유명해. 사람들이 한 줄로 서서 물이 든 양동이를 빠르게 넘겨주면 급한 불을 끌 수 있어.

정답 178

③

양털 깎기

가위는 아주 먼 옛날부터 양털을 깎기 위해 사용했다고 알려져 있어. 마인크래프트 세계에서 '양털'은 '침대'를 만드는 데 필요한 매우 귀중한 재료야.

정답 179

②

라이터

라이터에 불을 붙이려면 작은 톱니바퀴를 회전시켜야 해. 톱니바퀴가 회전하면서 부싯돌에 닿으면 불꽃이 일어나고, 기름으로 그 불꽃을 크게 만드는 구조야. 지금은 '압전 소자'라는 것을 이용한 전자식 라이터가 많아.

정답 180

②

일본

일반적으로 서양식보다 일본식 검이 더 날카롭다고 해. 왜냐하면 서양에서는 검으로 그저 베기만 하는 것이 아니라 갑옷에도 타격을 줄 수 있도록 내리치는 방식으로 싸우기 때문이야.

147

무기와 도구 퀴즈

문제 181 쇠뇌는 무슨 힘으로 화살을 날릴까❓

정답은 152쪽

1. 스프링의 힘
2. 팔 힘
3. 약탈자의 능력

마치 총 같은 무기야.

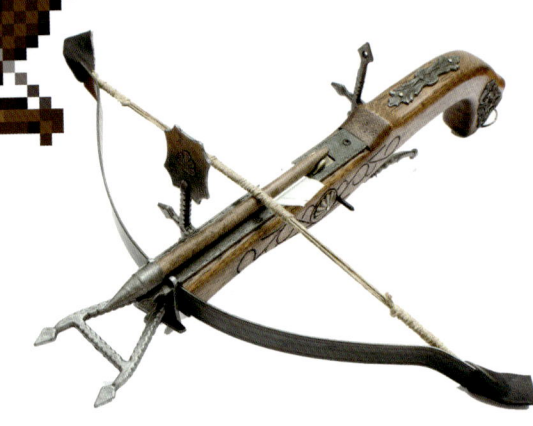

문제 182 화살의 가장 끝부분을 뭐라고 할까❓

정답은 152쪽

1. 화살 머리
2. 화살 끝
3. 화살촉

엉덩이에 맞으면 아플 것 같아.

문제 183 가구 같은 물건을 직접 만드는 일을 뭐라고 부를까❓

정답은 152쪽

1. DYI
2. DIY
3. DYY

인테리어 용품점에서 자주 볼 수 있는 말이지.

문제 184 다음 중 화덕으로 만드는 요리는❓

정답은 152쪽

1. 팬케이크
2. 피자
3. 떡

우리가 자주 먹는 이탈리아 요리야.

무기와 도구 퀴즈

문제 185 다음 옛날이야기 중 베틀이 나오지 않는 것은❓

정답은 153쪽

1. 견우와 직녀
2. 벌거벗은 임금님
3. 백조 왕자

셋 다 옷을 만드는 장면이 나오는데……

문제 186 대동여지도를 완성한 사람은 누굴까❓

정답은 153쪽

1. 정약용
2. 박지원
3. 김정호

대동여지도를 실제로 보면 크기가 엄청나대.

문제 187

실제 모루에는 뿔처럼 뾰족한 부분이 있어. 이 부분은 어디에 쓰는 걸까❓

정답은 **153**쪽

1. 도구를 건다.
2. 공작물을 구부린다.
3. 줄칼처럼 쓴다.

뜨거운 금속은 어떻게 가공할까?

문제 188

음악을 들으려면 주크박스에 무엇을 넣어야 할까❓

정답은 **153**쪽

1. 레코드
2. 카세트테이프
3. CD

지금은 거의 볼 수 없는 물건이지.

무기와 도구 퀴즈

정답 181 — **1** 스프링의 힘

활을 당기는 것은 팔 힘이지만, 실제로 화살을 날리는 것은 스프링이 원래 모양으로 돌아가려는 힘이야. 쇠뇌는 활과 달리 방아쇠를 당기기만 해도 간편하게 발사할 수 있어서 중세 유럽에서 많이 사용되었어.

정답 182 — **3** 화살촉

마인크래프트에서는 '부싯돌'을 쓰지만, 아주 옛날에는 흑요석이나 동물의 뼈로 화살촉을 만들었어. 현재는 철 등의 단단한 재료를 사용하지.

정답 183 — **2** DIY

스스로 가구 등 일상에서 사용하는 물건을 만드는 일을 DIY라고 해. 영어 'Do it yourself'의 약자로, '직접 한다'라는 뜻이야.

정답 184 — **2** 피자

피자 반죽은 화덕에서 구우면 한 층 더 맛있어진다고 해. 피자에 자부심이 있는 이탈리아 요리 레스토랑에는 피자 전용 화덕이 있는 곳도 있어.

정답 185 — ③ 백조 왕자

베틀은 실을 엮어 천을 만드는 도구야. 〈견우와 직녀〉의 직녀는 베틀 짜는 솜씨가 뛰어나기로 유명했고, 〈벌거벗은 임금님〉에선 임금님을 속이려는 사기꾼들이 베틀로 부지런히 옷감 짜는 척을 했지. 〈백조 왕자〉에서는 베틀이 아니라 뜨개질로 옷을 만들어.

정답 186 — ③ 김정호

조선의 지리학자 김정호는 전국을 답사하고 기존의 지도와 지리서를 연구한 끝에 대동여지도를 완성했어. 현대의 한반도 지도와 비교해 봐도 무척 정확하고, 거대한 지도를 가지고 다니기 편하게 만든 것이 특징이야.

정답 187 — ② 공작물을 구부린다.

공작물이란 재료를 기계적으로 가공하고 조립해 만든 물건이야. 뿔처럼 생긴 모루의 뾰족한 부분은 공작물을 구부리거나 섬세한 작업을 할 때 쓰여. 참고로 평평한 부분은 '페이스'라고 불리지.

정답 188 — ① 레코드

현실 세계의 주크박스도 마인크래프트 세계와 마찬가지로 레코드를 넣으면 음악을 재생할 수 있어. 하지만 오늘날엔 주크박스를 거의 사용하지 않아. 보통 컴퓨터나 스마트폰을 통해 음악을 듣지.

문제 189
실제로 컴퓨터에 사용되는 광석은?

정답은 158쪽

1. 금
2. 레드스톤
3. 다이아몬드

컴퓨터 기판 등에 사용해.

문제 190
와이파이의 전파를 멀리까지 보내려면 무엇이 필요할까?

정답은 158쪽

1. 콘센트
2. 중계기
3. 컴퓨터

레드스톤 중계기 같은 역할을 하는 것은?

문제 191 밤이 되면 저절로 켜지는 가로등은 무엇에 반응하는 걸까❓

정답은 158쪽

1. 시간
2. 소리
3. 빛

마인크래프트에서도 똑같은 장치를 만들 수 있어.

문제 192 마인크래프트의 관측기와 비슷한 기능을 하는 것은❓

정답은 158쪽

1. 자동문
2. 전동차 문
3. 택시 문

어떻게 저절로 문이 열릴까?

155

무기와 도구 퀴즈

문제 193
'스컬크'는 무슨 뜻일까❓

정답은 159쪽

1. 또렷하게
2. 천천히
3. 몰래

스컬크 감지체가 반응하지 않게 하려면 어떻게 해야 할까?

문제 194
활은 무엇으로 만들까❓

정답은 159쪽

1. 철
2. 나무
3. 깃털

마인크래프트에서 만들어 봐!

문제 197

가장 적은 재료로 만들 수 있는 마인크래프트의 도구는?

① 삽 ② 도끼 ③ 곡괭이

정답은 159쪽

문제 195
몸을 지키기 위해 사용하는 투구의 또 다른 용도는❓

정답은 159쪽

1. 상대방을 저주한다.
2. 내 존재를 과시한다.
3. 배고픔을 잊게 한다.

> 투구를 쓰면 무척 강해 보이지.

문제 196
갑옷을 입은 상대방을 쓰러뜨리려면 어떤 무기가 좋을까❓

정답은 159쪽

1. 활과 화살
2. 도끼
3. 곤봉

> 단단한 갑옷을 부수려면 어떻게 해야 할까?

문제 198
마법 부여대를 만들 때 꼭 필요한 재료는 다음 중 무엇일까❓

① 철광석
② 다이아몬드
③ 구리

정답은 159쪽

157

무기와 도구 퀴즈

정답 189 — 1 금

컴퓨터 기판을 만드는 데 금이 사용된다는 사실 알고 있니? 금뿐만 아니라 다양한 금속이 사용되지. 컴퓨터나 휴대폰, 텔레비전 등 전자 기기에서 금속을 추출하는 산업을 '도시 광산'이라고도 부른대.

정답 190 — 2 중계기

와이파이는 수신기와 송신기의 거리가 멀어지면 신호가 약해져. 이를 다시 강하게 되돌리기 위해 중계기를 사용하지. 마인크래프트의 레드스톤 중계기와 비슷해.

정답 191 — 3 빛

마인크래프트의 햇빛 감지기와 비슷한 장치는 현실에도 있어. 어두워지면 자동으로 불이 켜지는 가로등은, 마인크래프트와 마찬가지로 주위의 빛의 세기를 감지해서 켜지거나 꺼지도록 설정되어 있지.

정답 192 — 1 자동문

마인크래프트의 관측기는 센서 앞에서 무언가가 움직이면 감지하게 되어 있어. 현실 세계에서는 '근접 센서'라고 하는 것이 비슷한 역할을 해. 자동문도 이런 기능을 이용한 거야.

문제 199

마인크래프트에서 음반을 손에 넣으려면?

① 위더를 소환한다.
② 스켈레톤이 크리퍼를 화살로 쏘게 한다.
③ 충전된 크리퍼가 폭발할 때 몬스터를 유인한다.

정답은 159쪽

정답 193 — 3

몰래

영어 스컬크(skulk)는 '몰래 숨다'라는 뜻이야. 스컬크 감지체는 소리나 진동에 반응하기 때문에, 반응하지 않게 하려면 몰래 움직여야 해.

정답 194 — 2

나무

활은 나무나 카본 등 유연한 소재와 튼튼한 실을 조합해서 만들어. 석기 시대에는 사냥할 때, 그 이후로는 싸움할 때 사용했어. 현대에는 스포츠 경기용으로 사용하지.

정답 195 — 2

내 존재를 과시한다.

옛날에는 투구를 자신의 존재를 과시하기 위해서도 사용했어. 서양에서는 뒤로 물러서지 않는 지네의 모습을 표현하고자 투구에 지네를 그렸다고도 해.

정답 196 — 3

곤봉

중세에서는 금속 갑옷으로 무장한 적을 쓰러뜨리기 위해 '메이스'라고 불리는 곤봉 무기를 사용했어. 뾰족한 돌기가 달린 곤봉을 내리쳐서 단단한 갑옷을 움푹 패게 하거나 돌기를 관통시켰지.

정답 197 ①　정답 198 ②
정답 199 ②　정답 200 ①

문제 200　마인크래프트에서 신호기의 효과는?
① 이동 속도가 빨라진다.
② 몬스터가 다가오지 않는다.
③ 아이템을 많이 떨어뜨리게 된다.

정답은 159쪽